KB157042

회계학 콘서트

⑤ 분식회계

Gyoza ya to Kokyu French dewa, Dochira ga Mokaru ka?
by Atsumu Hayashi

Original Japanese language edition published by DIAMOND, Inc.
Korean translation rights arranged with DIAMOND, Inc. through B&B Agency.

회계학 콘서트

⑤ 분식회계

하야시 아츠무 지음 | **오시연** 옮김

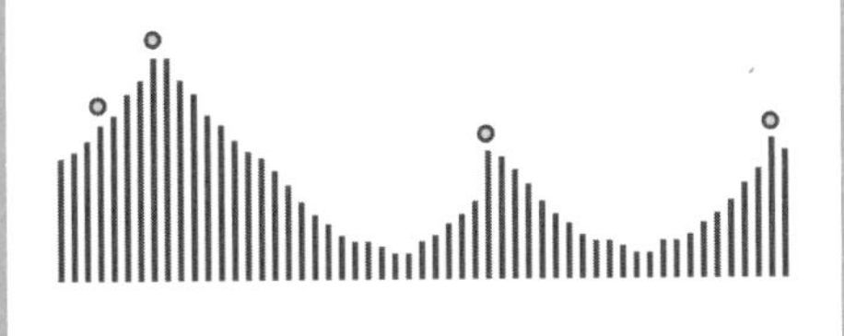

한국경제신문

주요 등장인물

- **스가다이라 히카리**(23세, 여)

  뉴욕컨설팅의 신입 컨설턴트

- **아즈미 교수**(연령 미상, 남)

  도쿄경영대학에서 회계학을 가르치는 경영컨설턴트. 히카리의 멘토

- **마에하라 죠지**(55세, 남)

  뉴욕컨설팅의 일본지사장

- **아마노 마사루**(46세, 남)

  타이거컨설팅 사장. 뉴욕컨설팅과 업무제휴 관계를 맺고 있다.

- **무라니시 게이조**(27세, 남)

  뉴욕컨설팅에서 타이거로 파견된 컨설턴트. 히카리의 직장 선배

차례

프롤로그 • 8

제1장 호랑이굴 컨설팅에 오신 것을 환영합니다 • 23

제2장 일류 컨설턴트가 되고 싶으면 와인 시음법을 배워라 • 35

제3장 미녀 사원은 왜 열심히 일하는가? • 59

제4장 줄서서 먹는 디저트 가게는 정말로 돈을 벌고 있을까? • 103

제5장 숫자 마법사의 트릭을 폭로하라 • 149

제6장 샤브리와 샤르도네는 다른 와인일까? • 171

제7장 재고관리에 컴퓨터는 필요 없다! • 197

제8장 신생 바이오사의 가면을 벗겨라! • 235

에필로그 • 258

용어 해설 • 262

저자 후기 • 266

회계학 콘서트

⑤ 분식회계

프롤로그

세계 유수의 컨설팅 기업

도쿄 마루노우치의 고층 건물 현관 앞에 검은색 메르세데스 벤츠가 조용히 멈췄다. 차 문이 열리자 둥글둥글 살집이 있는, 검은 선글라스를 낀 한 남자가 내렸다. 나이를 알 수 없는 이 남자의 이름은 진보평(陳普平)이다. 그는 뉴욕컨설팅 일본지사가 몇 층에 있는지 확인한 뒤 엘리베이터를 타고 최고층 버튼을 눌렀다.

뉴욕컨설팅은 세계적으로 저명한 컨설팅 기업이다. 보통 '뉴컨'이라는 약칭으로 불린다. 뉴컨 접수대에서는 패션잡지 모델이 연상되는 여직원과 신경질적으로 보이는 중년 남자가 기다리고 있었다. 그들은 진보평을 보자마자 과장되게 고개를 숙였다. 중년 남자는 뉴컨 일본지사장인 마에하라 쇼지였다.

"진 선생님, 기다리고 있었습니다."

"마에하라 사장, 잘 부탁하네."

진보평이 싱긋 웃었다. 그러나 눈빛은 냉랭했다.

"자, 여기로 모시겠습니다."

마에하라가 몸소 VIP 고객용 회의실로 그를 안내했다. 회의실 안에는 길쭉한 마호가니 탁자가 놓여 있었다. 마에하라는 진보평에게 고쿄(일왕과 그 가족이 살고 있는 궁성으로 도쿄 중심에 있다-옮긴이)가 한눈에 들어오는 가장 좋은 자리를 권했다.

"이야, 전망 한번 좋구먼. 마에하라 사장, 이 경치만으로도 돈을 내고 싶을 정도일세."

진보평이 진지하게 말했다.

"말씀만으로도 감사합니다. 여기는 중요한 손님을 위한 특별 회의실입니다. 진 선생님이야말로 이곳에 걸맞은 고객이시지요."

마에하라는 공손하게 고개를 숙였다.

세계 유수의 컨설팅 기업인 뉴컨의 일본지사장이 이렇게 신경을 쓰는 데는 그럴만한 이유가 있었다. 진보평이라 하면 전화 한 통으로 막대한 자금을 움직일 수 있는 중국의 거물이었기 때문이다.

거물 정치가의 전화

뉴컨과 진보평의 거래는 올해 갑작스럽게 시작되었다. 한 달 전쯤, 마에하라는 자민당(일본의 집권 정당-옮긴이)의 거물 정치가 사야마 슈조의 전화를 받았다.

"내 친구가 상의할 일이 좀 있다던데."

마에하라는 사야마에게 때때로 일거리를 받았다. 하지만 대부분은 무료로 봉사하는 차원이어서 정식으로 보수를 청구하는 경우는 가뭄에 콩나듯 했다. 그렇다고 훗날 총리대신이 될지도 모르는 거물 정치가를 무시할 수도 없는 노릇이라 그날도 신중하게 말을 골랐다.

"무슨 일로 그러십니까?"

"내가 아니라 우리나라에 아주 중요한 분의 의뢰일세."

'또 시작이다, 또 시작이야…….'

이 사람은 입만 열었다 하면 나라를 위해 봉사해달라고 한다.

'보나마나 또 무료 봉사겠지.'

마에하라는 진절머리가 났다. 그래도 무슨 용건이든 무조건 알았다고 받아들일 수밖에 없었다. 할 수 없이 수화기를 귀에 댄 채 스마트폰으로 메일을 확인하기 시작했다.

"어이, 듣고 있나?"

이럴 때만 눈치가 백단이다.

"무, 물론입니다……."

"실은 말이야."

마에하라는 건성으로 사야마의 이야기를 들었다.

"내 친구 진 선생을 만나보게."

"중국 분이신가요?"

"그런 건 몰라도 돼."

"알겠습니다. 그런데 무슨 용건이신지요?"

"나도 몰라. 하지만 나쁜 얘기는 아니야. 그 친구가 보통 사람은 상상할 수 없을 만큼 부자라는 것만 알아두게. 보수는 충분히 주라고 내가 얘기해놨어. 뭐, 그중 일부를 내 정치단체에 기부하라고 말하진 않겠네. 하하하."

사야마는 큰소리로 웃었다.

그로부터 이틀 뒤, 진보평이 찾아온 것이다.

"여기 앉으시죠."

진보평은 소파에 앉자마자 차도 마시지 않고 용건을 말했다.

"투자할 만한 회사를 찾고 있네. 되도록 빨리 소개해주게."

"알겠습니다. 특별히 원하시는 조건이 있습니까?"

"그 회사의 주인인 것이 자랑스러울 만한 회사여야 하네. 또 장래성이 있으면 좋겠군. 현금을 창출하는 '현금제조기'를 원하고 있거든."

이야기하는 걸로 봐선 회사를 그저 매매 대상으로 생각하는 듯했다.

"그럼 대략이라도 괜찮으니 투자예산을 알려주십시오."

그러자 진보평이 불쾌하다는 듯한 표정으로 대답했다.

"10억 엔이든 100억 엔이든 상관없네. 하지만 투자이익률이 10퍼센트 이상은 되어야 해."

마에하라는 갑자기 불안해졌다. 그렇게 큰돈을 어떻게 조달할 수 있단 말인가.

"투자는 진 선생님의 회사에서 할 의향이신가요?"

그러자 진보평은 마에하라가 우려하는 바를 꿰뚫어본 듯 이렇게 말했다.

"마에하라 사장, 그건 자네가 신경 쓸 필요 없다네. 나한테는 회사든 개인이든 똑같아. 물론 사례는 듬뿍 하겠네. 다만 나는 바쁜 사람이니 일주일 내에 찾도록 하게."

그렇게 진보평은 자기 할 말만 하고 자리를 떴다.

안성맞춤인 회사

진보평은 말로는 여유 있는 척했지만 실은 초조해 보였다. 그러므로 좋은 물건만 발견하면 거래를 빨리 성사시킬 수 있을 것 같은 예감이 들었다.

마에하라는 즉시 대학 시절 친구이자 분쿄은행 고마고메 지점장인 다카타에게 전화를 걸었다.

"그런 거라면 안성맞춤인 회사가 있네."

다카타는 그렇게 말하며 건강보조식품 연구개발 및 자사 제품을 판매하는 신생 바이오사를 추천했다. 신생 바이오사는 5년 전, 대기업 제약회사인 파스퇴르사의 개발부문 중 일부가 분리되어 나온 회사로 현재 연매출은 30억 엔, 직원은 100명 정도에 지나지 않는 중소기업이다. 하지만 장래가 유망하다고 평가받고 있다.

"안티에이징 건강기능식품의 리더 격이라 할 수 있지."

다카타는 신생 바이오사가 얼마나 뛰어난 기업인지 힘주어 말했다.

"고작 그 정도 규모에 리더라고 하는 건 좀 과장 아닌가?"

의문을 느낀 마에하라가 다카타에게 물었다.

"컨설턴트인 자네가 그렇게 말하다니 어이가 없군. 회사 규모와 리더의 자격은 아무 상관이 없어. 중요한 것은 그 상품을 받쳐주는 지적재산이지. 이렇게 말하면 오해받을 수도 있겠지만, 이 회사의 제품은 그야말로 '불로장생의 비법이 담긴 약'이야. 그래서 제약업계에선 신생 바이오사를 '파스퇴르사의 금지옥엽'이라고 부르지."

마에하라는 고개를 갸웃했다. 그것이 정말이라면 왜 파스퇴르사는 그렇게 전도유망한 신생 바이오사를 놔주려고 한단 말인가?

"자금운용 때문이지. 자칫하면 파스퇴르사는 내년까지 못 버틸지도 몰라. 위기가 닥치면 회사는 가장 중요한 재산부터 팔아치울 수밖에 없어. 이번 게임이 그 전형적인 예지."

'이런 종류의 이야기는 도통 은행 직원을 당할 수가 없단 말이야.'

마에하라는 생각했다. 하긴 산요전기와 소니도 위기에 처하자 가장 돈벌이가 되는 핵심 사업부터 매각하지 않았던가.

"사실 파스퇴르사가 위태로워진 건 투자 실패 때문이야. 미국의 제약회사를 매수했지만 생각처럼 잘되지 않아서 자금 회전이 어려워졌어. 이건 대외적으론 비밀인데 우리 은행은 이미 대출금을 조기 상환

받으려고 추진하고 있다네. 우리 은행이 신생 바이오사의 주식 매각을 강하게 권고하는 것도 그 일환이야."

그런 사정이 있다니 이 이야기는 나쁘지 않을 듯했다.

"우리 경영연구소에서 신생 바이오사의 기업 가치를 평가했지."

"그래서 어떻게 나왔나?"

"A^{++}등급이 나왔어. 뭐, 자네 회사도 컨설팅업체니까 추가로 조사해서 수익을 내면 되겠군."

"물론 조사는 할 거야. 하지만 상대방이 서두르고 있어. 사흘 안에 조사를 마쳐야 해서 말이지. 자네의 경영연구소에서 작성한 보고서를 보여주면 도움이 될 것 같은데……."

"알겠네. 하지만 이 일은 우리 은행과 의뢰인한테는 비밀로 해줘야 해. 기밀유지 의무 위반으로 걸리고 싶진 않으니까 말이야."

"알았어. 약속하지."

마에하라는 전화를 끊었다.

금단의 보고서

다음 날, 마에하라 앞으로 다카타가 보낸 두툼한 보고서가 도착했다. 보고서 첫 장에는 신생 바이오사의 경영이념이 쓰여 있었다.

"안티에이징의 리더가 되어라!"

신생 바이오사는 신상품 개발과 이미 상품화된 건강기능식품 판매를 병행하고 있었다. 생산은 자본관계가 없는 타사에 위탁했고 소유한 공장도 없었다. 이른바 퍼블리스 경영(패브릭케이션fabrication과 리스less를 합성한 조어로 자사 공장을 소유하지 않고 제품의 기획과 개발에만 집중하는 형태의 기업 – 옮긴이)을 하고 있었다. 다만 기밀이 외부에 유출되지 않도록 생산설비와 기술자는 신생 바이오사가 제공하는 형태였다.

개발상품에 관해 이런 글도 기재되어 있었다.

'아르간(모로코의 남서부에서 자라는 나무 – 옮긴이)**을 핵심 성분으로 활용해 금후 화장품과 의약품 업계에도 진출할 계획이다.'**

'아르간?'

낯선 단어였다. 다음 장을 넘기자 손익계산서가 있었다.

매출은 30억 엔, 당기순이익은 1천만 엔이다.

'이익률이 0.3퍼센트라니 너무 낮아!'

이 정도 매출 규모라면 이익률이 3퍼센트가 된다 해도 9천만 엔 정도의 이익밖에 나지 않는다. 그런데 이익이 겨우 1천만 엔이라니 아무리 잘 봐주려고 해도 너무 적었다. 마에하라는 컨설턴트로서 자신의 경험에 비추어봤을 때 이 정도 수준의 이익률을 내는 회사는 장부를 조작해서 어떻게든 흑자로 보이려고 하지만 실질적으로는 적자인

자료 1

신생 바이오사의 손익계산서

손익계산서		(단위: 억 엔)
매출액	30	100%
매출원가	15	50%
매출총이익	15	50%
판매비와 관리비*	14.1	47%
영업이익	0.9	3%
지급이자	0.8	2.7%
당기순이익	0.1	0.3%

* 시스템개발비 2억 엔, 연구개발비 4억 엔, 인건비 4억 엔이 포함됨.

경우가 많았다. 또 한 가지 마음에 걸리는 점은 시스템 관련비와 연구개발비[1](용어 해설 참고), 인건비가 눈에 띄게 많다는 것이었다. 다카타가 보내준 보고서에는 '재고관리 비용과 신제품 연구개발 비용이 경영을 압박하는 요인이 되고 있다'고 쓰여 있었다.

다음으로 마에하라의 눈길은 재무상태표로 향했다. 여기에도 마음에 걸리는 계정과목이 있었다.

먼저 상품재고금액(12억 5천만 엔)의 규모였다. 월평균 매출액은 2억 5천만 엔이므로 상품재고 회전기간은 5개월이다. 즉 5개월분의 매출에 상당하는 상품대금이 재고로 남아 있다는 말이다. 이런 이유로 보고서에는 '재고관리[2]가 미흡함'이라고 쓰여 있었다.

자료 2

신생 바이오사의 재무상태표

재무상태표			(단위: 억 엔)
현금 및 예금	2.5	외상매입금	8
외상매출금	10	은행차입금	25
상품	12.5	자본금	1
기타 자산	2	잉여금	3
비유동자산	10		
자산총계	37	부채 · 자본총계	37

두 번째는 외상매출금(10억 엔)이 많다는 점이다. 매출채권 회전 월수(매출채권의 체류기간, 즉 받을 어음이나 외상매출금이 현금·예금으로 대체되는 속도를 월수로 나타낸 것. 이것이 길어지면 대금의 회수가 늦어지고 자금 회전이 어렵게 된다 - 옮긴이)를 계산하면 무려 4개월이나 되었다.

또 하나 마음에 걸리는 점은 은행차입금(25억 엔)의 규모였다. 매출액의 10개월분에 상당하는 자금을 은행에서 차입하고 있었다.

이렇듯 재무제표상의 수치는 엉망진창이었지만 분쿄은행은 보고서에서 신생 바이오사의 기업 가치를 '약 50억 엔'으로 호의적인 평가를 내렸다. 다시 말해 탁월한 개발능력과 인재, 그리고 특허권을 비롯한 지적재산을 높이 평가한 것이다.

그 순간 마에하라의 머릿속에 의문이 떠올랐다. 이 회사의 강점은 명확하다. 그런데 왜 이 정도 규모에서 성장이 멈춘 것일까?

그 이유는 금방 예측할 수 있었다. 경영진의 관리능력에 문제가 있는 게 분명했다. 그렇다면 뉴컨에게는 정말 좋은 조건이었다. 관리능력의 중요성을 피력하면 틀림없이 컨설팅 관련 일거리가 들어올 것이라고 생각했다.

마에하라는 마음을 굳혔다.

'진보평에게 이 회사를 추천하자.'

관리능력이 필수적인 회사를 보완해주는 것이야말로 뉴컨의 업무이니 말이다.

50억 엔의 거래

마루노우치의 고층 건물에 있는 뉴컨의 특별 회의실.

마에하라는 진보평과 두 번째 미팅을 했다.

"진 선생님, 좋은 회사를 찾았습니다. 신생 바이오사라고 안티에이징 건강기능식품을 취급하는 회사입니다. 매출은 30억 엔, 종업원은 100명 정도 되는 중소기업입니다만."

"안티에이징? 아, 늙지 않는 약 말인가?"

"약은 아닙니다. 아르간 오일을 주성분으로 한 보조식품이라 약사법에 걸릴 일은 없습니다."

"효능은 있나?"

"물론입니다. 지금 세계 여러 나라의 화장품 회사와 안티에이징 연구자들이 앞다퉈 상품개발에 착수하고 있습니다."

"그럼 하나 묻지. 그렇게 유망한 건강보조식품을 만드는 회사가 왜 그 정도 규모밖에 안 되는 건가?"

진보평도 마에하라와 같은 의문이 든 모양이었다.

"사장이 관리능력이 없는 경우 종종 일어나는 현상이죠. 상품성의 문제는 아닙니다. 진 선생님께서 경영에 참여하신다면 틀림없이 회사 규모가 10배로 커질 것입니다."

마에하라는 최대한 진보평을 치켜세웠다.

진보평은 기분이 좋아졌는지 이렇게 질문했다.

"듀 딜리전스[3]는 끝난 건가?"

"네. 전속력으로 마쳤습니다. 탄탄한 회사이니 꼭 사셔야 합니다."

진보평은 꼬았던 다리를 바로 했다.

"참고로 묻겠는데, 얼마를 준비하면 되겠나?"

"모든 주식을 50억 엔에 구입하실 수 있습니다. 파스퇴르사는 틀림없이 이 제안에 응할 겁니다."

이는 분쿄은행의 조사보고서에서 그대로 차용한 평가액이었다. 그 보고서에는 경영관리를 강화하면 매출액 300억 엔, 세후 영업이익 20억 엔은 충분히 달성할 수 있다고 쓰여 있었다. 만약 이익률을 3퍼센트로 올린다면 투자한 50억 엔은 3년 뒤 회수할 수 있다고도 했다.

"알겠네. 지금 당장 상대방에게 조건을 전해주게. 이제 양도계약서를 작성하면 되겠군. 일이 순조롭게 진행되면 이달 말에 파스퇴르사의 계좌로 송금하겠네."

진보평은 자리에서 일어나 마에하라에게 악수를 청했다.

"바빠서 먼저 일어나겠네."

그가 돌아가려고 하자 마에하라는 황급히 물었다.

"저, 컨설팅비에 관해서 말입니다만……."

"아, 그렇지. 듀 딜리전스 비용과 중개수수료를 합쳐서 1억 엔이면 되겠나?"

겨우 사흘 만에 매출 1억 엔이다. 더구나 실질적으로는 아무것도 하지 않았다. 마에하라는 치밀어 오르는 웃음을 간신히 참았다.

그때 진보평이 밝은 표정으로 이렇게 덧붙였다.

"M&A는 결혼 같은 거야. 그러니 자네는 중매인인 셈이지. 미리 말해두는데, 만약 신생 바이오사가 내 믿음을 배신하는 회사라면 그때는 자네에게 모든 책임을 물을 걸세. 알겠나?"

순간 마에하라의 얼굴에서 미소가 싹 사라졌다.

신생 바이오사의 기업 가치가 50억 엔인 근거

분균은행은 신생 바이오사의 성장 제약 요인인 관리능력이 강화되면 매출액 300억 엔, 세후영업이익NOPAT 20억 엔이 최소 5년간 지속될 것이라고 추정했다. 이런 경우 그 금액을 추정한 근거가 무엇인지가 중요하지만 실제로는 근거가 분명하지 않은 경우도 많다. 신생 바이오사도 뚜렷한 근거가 있어서 그렇게 추정한 것은 아니었다.

분균은행의 경우 조사한 보고서를 보면 세후순영업이익에 복리연금현가율(일정 기간 동안 정기적으로 일정 금액을 수령하려면 현재 얼마의 금액이 있으면 되는가 하는 비율-옮긴이)을 곱해서 기업 가치를 계산했다.

세후순영업이익을 이용한 이유는 경영기간을 중기로 가정할 경우, 세후순영업이익을 잉여현금흐름Free Cash Flow(기업의 현금흐름 중에서 투자나 배당 및 이자 자금 등을 제외하고 남은 현금흐름으로 기업의 실제 자금 사정이 얼마나 양호한지 확인하는 지표가 된다-옮긴이)의 근사치로 간주하기 때문이다.

위의 조건을 전제로 자료4를 살펴보면 알 수 있듯이 3년이면 투자자금인 50억 엔을 회수할 수 있다는 계산이 나온다. 따라서 분균은행은 50억 엔도 싼 가격이라고 신생 바이오사를 높이 평가한 것이다. 이 기업 가치가 정확한지 검증하는 것은 당연히 어렵다. 이 점을 염두에 두고 읽어야 한다.

자료 3

신생 바이오사의 기업 가치

연수	연 3%*의 복리연금현가
1	0.971
2	1.913
3	2.829
4	3.717
5	4.58

* 매년 이율을 3%로 설정한 경우임.

자료 4

★ **세후영업이익을 매년 20억 엔으로 추정할 경우**

연수	할인현재 가치(억 엔)
1	19.42 (20억 엔 × 0.971)
2	38.26 (20억 엔 × 1.913)
3	56.58 (20억 엔 × 2.829) ← 3년째에 회수
4	74.34 (20억 엔 × 3.717)
5	91.6 (20억 엔 × 4.58)

제1장

호랑이굴 컨설팅에 오신 것을 환영합니다

April

엘리트 양성 연수 프로그램

"이런 법이 어디 있어?"

히카리는 불쾌해서 어찌할 바를 몰랐다. 분명히 뉴욕컨설팅에 입사했는데 실제로는 타이거컨설팅이라는 작은 회사에서 근무하라니.

지금 생각해보면 입사 첫날부터 좀 이상하긴 했다. 뉴컨 사장인 마에하라는 신입사원들 앞에서 이렇게 말했다.

"경영컨설턴트는 하늘의 별만큼 많습니다. 그중에서 우리 뉴컨그룹의 컨설턴트는 전 세계를 통틀어도 1만 명, 일본에서는 겨우 5백 명도 안 되는 엘리트 집단입니다. 여러분 또한 우리 회사에 입사하기 원했던 2천 명 중에서 선택된 미래의 엘리트들입니다."

히카리는 엘리트라는 달콤한 말에 의식이 몽롱해졌다.

"하지만 착각하면 안 됩니다. 여러분은 아직 엘리트가 아닙니다. 진정한 엘리트가 되려면 몇 가지 시련을 극복해야 합니다. 여기서 시련이란 당연히 경험을 의미하죠. 분명히 말해두겠습니다. 명문 뉴욕컨설팅의 프로페셔널이라고 자신을 소개하려면 먼저 연수 프로그램을 통과해야 합니다."

'연수 프로그램이라고? 멋있네.'

미국이나 유럽에 있는 뉴컨의 연수센터에서 전 세계에서 모인 동료들과 체계적인 트레이닝을 받겠지. 그렇게 생각하자 히카리의 가슴이 기대감으로 부풀어 올랐다.

"연수 내용은 담당자인 아마노 씨가 설명할 것입니다. 먼저 여러분에게 격려의 말을 보냅니다. 하루빨리 우리 회사에서 제 몫을 할 수 있도록 최선을 다해 노력해주시기 바랍니다."

마에하라 사장이 물러나고 맵시 있는 양복 차림에 머리를 박박 깎은 남자가 등장했다. 나이는 40대 후반 정도로 보였다. 짧은 목, 점점 벗겨지고 있는 이마, 미간에 새겨진 깊은 주름. 그 모습에서 히카리는 문득 땡중을 연상했다.

"타이거컨설팅의 아마노 마사루입니다."

그는 신입사원들의 얼굴을 시간을 들여 찬찬히 바라보았다.

'타이거컨설팅이라니 그게 무슨 회사지?'

히카리는 어리둥절했다.

"여러분 중에는 왜 타이거컨설팅 소속인 내가 이 자리에 있는지 의문인 사람도 있을 것입니다. 나는 타이거의 사장이자 뉴컨의 사외이사입니다."

아마노는 그렇게 말하면서 가슴을 폈다.

"처음부터 분명히 말해두겠습니다. 지금 여러분의 실력으로는 아직 컨설팅을 할 수 없습니다. 즉 돈을 벌지 못한다는 말입니다. 그런 초보자를 의뢰인에게 보낼 수는 없습니다. 따라서 반년간 신입 연수 프로그램을 완전히 수행한 사람만이 뉴컨의 컨설턴트로 정식 채용됩니다."

여기까지 이야기하고 아마노는 컵에 담긴 물을 한 모금 마셨다.

"그럼 연수 내용을 설명하지요. 5년 전까지는 플로리다 주의 키웨스트에 있는 연수 센터에서 반년간 연수 프로그램을 실시했습니다. 그러다가 막대한 연수비를 절감하기 위해 각국의 멤버펌이 독자적으로 연수 프로그램을 만들기로 했지요. 일본지사는 현장에서 적극적으로 실무경험을 쌓게 한다는 방침입니다. 하지만 초보자를 파견해서 비싼 컨설팅비를 청구하면 뉴컨의 명성에 금이 가겠지요. 그런 이유로 여러분은 뉴컨 일본지사와 업무 제휴를 하는 컨설팅회사에서 반년간 업무 교육을 받게 되었습니다. 우리 타이거컨설팅도 이 연수제도가 생긴 이래 신입사원을 받고 있지요. 음, 금년에는……."

아마노는 서류에 눈을 가까이 가져갔다.

"스가다이라……."

순간 히카리는 머리가 어질어질해져 그 자리에서 쓰러지는 줄 알았다. 그 뒤로는 아무것도 기억나지 않았다.

입사식이 끝나자 동기 중 한 명이 뛰어왔다.

"타이거에서 연수받는다며? 선배가 그러는데 거기는 '호랑이굴'이라고 불린대. 알고 있어?"

동기들은 왠지 모르게 기분이 좋아보였다.

호랑이굴 컨설팅 회사에 발령받다

다음 날, 히카리는 JR 간다 역에서 내려 타이거컨설팅 회사를 향해 걸어갔다. 길 양쪽으로 술집과 성인영업소가 끝없이 줄지어 있었다. 역에서 10분 정도 걷자 목적지에 도착했다. 여러 회사와 업소들이 들어와 있는 건물이었다.

접수대에는 아무도 없이 가운데 있는 테이블에 구형 전화기가 덩그러니 놓여 있을 뿐이었다. 히카리는 수화기를 들어 인사부 버튼을 눌렀다. 잠시 후 한 중년 남자가 나타났다.

"안녕하세요. 스가다이라 히카리입니다."

"인사 담당인 미나가와입니다. 잘 부탁해요."

남자는 명함을 건넸다. 거기에는 인사부장 미나가와 츠요시라고 적혀 있었다.

"그럼 당장 회사를 둘러보기로 하죠."

미나가와가 제일 처음 안내한 곳은 좁은 방이었다. 방 한가운데에는 테이블이 두 개 놓여 있었다.

"여기가 스가다이라 씨가 사용할 사무실입니다. 우리 직원들은 모두 20명인데 책상과 의자를 공용으로 사용합니다. 앞으로 개인적인 물건은 이 로커에 넣어두세요."

미나가와가 가리킨 것은 지하철역에나 있는 코인 로커였다.

그런 다음 두 사람은 시니어룸으로 갔다. 열 개 정도 되는 책상이 아무렇게나 놓여 있는 곳에서 한 남자가 묵묵히 컴퓨터 화면을 보면서 일하고 있었다.

"무라니시 씨, 이번에 배속된 연수생인 스가다이라 히카리 씨야."

그러자 무라니시는 자리에서 일어나 아무 패기도 느낄 수 없는 목소리로 말했다.

"아주 힘든 곳에 왔군요."

"힘든 곳이요?"

히카리가 되묻자 무라니시는 "신경 쓰지 마세요. 곧 알게 될 테니까"라고 말끝을 흐렸다.

시니어룸을 나오자 미나가와가 히카리의 귓가에 속삭였다.

"무라니시 씨는 스가다이라 씨처럼 뉴컨에서 파견되었습니다."

"네? 뉴컨이요?"

"대학을 졸업할 때만 해도 엘리트였는데 참 딱하단 말이야. 타이거에 와서 인생이 뒤틀려버렸죠. 반년 예정으로 왔는데 벌써 5년이 다 되어 가는군요. 이젠 돌아갈 수 없겠죠."

"그러고 보면……."

히카리는 신입사원 입사식에서 들었던 '호랑이굴'의 의미가 불현듯 궁금해졌다.

지옥의 연수

“혹시 ‘호랑이굴’이라고 들어보셨나요?”

히카리가 묻자 미나가와가 목소리를 낮추었다.

“누구에게 들었죠?”

“입사 동기한테서요.”

“그렇군요…….”

미나가와는 이야기를 할지 말지 잠시 주저했다.

“그건 아마노 사장님께서 붙인 말입니다. 옛날에 프로레슬링을 다룬 만화가 있었는데요. 레슬링 선수를 육성하는 도장 이름이 ‘호랑이굴’이었답니다. 혹독한 트레이닝을 끝까지 견뎌낸 젊은이는 극히 드물었고 대부분은 지옥 같은 트레이닝을 견디지 못해 그만두거나 목숨을 끊었다는 줄거리였죠.”

“아마노 사장님은 컨설턴트들의 호랑이굴을 만들려는 건가요?”

사람이 어쩌면 그렇게 유치할까, 하고 히카리는 생각했다.

“그런 것도 있겠죠. 하지만 진짜 이유는…… 사장님께 직접 들은 건 아니지만 그분이 뉴컨에 열등감을 품고 있기 때문일 겁니다.”

“하지만 뉴컨의 사외이사를 맡고 계시잖아요?”

“바로 그겁니다. 스가다이라 씨도 잘 알겠지만 뉴컨은 일류 대학을 졸업한 사람만 들어갈 수 있어요. 하지만 사장님은 이류 사립대학 출

신입니다. 그분은 대학을 졸업한 뒤 어떤 회사에 들어가서 생산관리와 시스템 도입 분야에 관한 경험을 쌓은 다음 컨설턴트로 독립했습니다. 그러던 어느 날 뉴컨이 주최한 스터디 모임에서 마에하라 사장님과 알게 되었다는군요. 뉴컨이라고 해서 항상 깨끗한 사건만 굴러들어오진 않아요. 그렇다고 그런 일을 계속 거절하면 회사를 경영할 수가 없지요. 그래서 마에하라 사장님은 아마노 사장님에게 위태위태한 일을 그대로 던져주고 컨설팅비의 일부를 빼먹는 방법을 생각해낸 겁니다. 아마노 사장님은 그 대가로 뉴컨의 사외이사와 신입사원 연수 총괄이라는 위치를 손에 넣은 것이고요."

"연수를 무사히 마치고 뉴컨에 돌아간 사람은 몇 명인가요?"

미나가와는 순간적으로 주저하다가 이렇게 말했다.

"금년으로 5년째인데 아직 한 명도 없습니다. 무라니시 씨가 그만두지 않고 버티고 있긴 하죠."

"한 명도 없다니 그게 무슨 말인가요?"

"분명하게 말할 수 있는 건 엘리트들을 괴롭힌다는 겁니다. 그게 '호랑이굴'의 진짜 목적이죠."

미나가와가 갑자기 화제를 바꿨다.

"아, 그렇지. 시니어 파트너인 아마노 사장님께 인사드리러 가야지."

이익률 20퍼센트 회사와 50퍼센트 회사 중 더 수익을 내는 곳은?

미나가와가 방문을 노크했다.

"들어오세요."

이전에 들은 기억이 있는 독특한 목소리가 들려왔다.

"신입사원인 스가다이라 히카리 씨를 데리고 왔습니다."

직원 사무실보다 넓은 방에 팔걸이가 있는 큰 의자와 소파가 놓여 있었다.

아마노는 히카리를 힐끔 보더니 앉으라는 말도 없이 기관총처럼 다다다다 쏘아붙였다.

"연수기간은 겨우 6개월이야. 쉴 시간 따윈 없다고 생각하게."

아마노는 의자에서 일어나더니 소파를 가리키면서 히카리에게 앉으라고 했다.

"우리 회사에는 수면실이 있으니까 얼마든지 계속 일할 수 있어."

히카리가 뭐라고 대답하면 좋을지 몰라서 망설이자 아마노는 갑자기 이렇게 말했다.

"스가다이라 씨. 매출총이익률이 20퍼센트인 A회사와 50퍼센트인 B회사 중 어느 쪽이 더 수익을 많이 낼까?"

"그거야 50퍼센트인 B사라고 생각합니다……."

히카리는 이렇게 쉬운 질문을 왜 하는 건지 궁금했다.

그러자 아마노는 입가를 슬쩍 올리며 웃었다.

"자네 바보로군. 명문 도쿄경영대학에서 뭘 배워온 건가?"

히카리는 어떻게 대답해야 할지 몰랐다.

"들어봐. 원가가 80엔인 상품을 100엔에 1천 개 판매한 A사와 원가 100엔인 상품을 200엔에 100개 판매한 B사 중 어느 쪽이 더 수익을 많이 냈을까? 매출총이익률은 A사가 20퍼센트이고 B사가 50퍼센트야. 하지만 이익금액으로 보면 A사가 2만 엔이고 B사가 1만 엔이지. 이 경우 A사가 수익을 더 많이 내고 있다는 사실은 초등학생도 알 수 있지. 그런데 자네는 정반대로 대답했어. 그래서는 호랑이굴에서 평생 나가지 못할 거야."

아마노는 그렇게 말하며 후훗 웃었다.

눈앞의 이익률이 아니라 총 이익금액에 주목하라

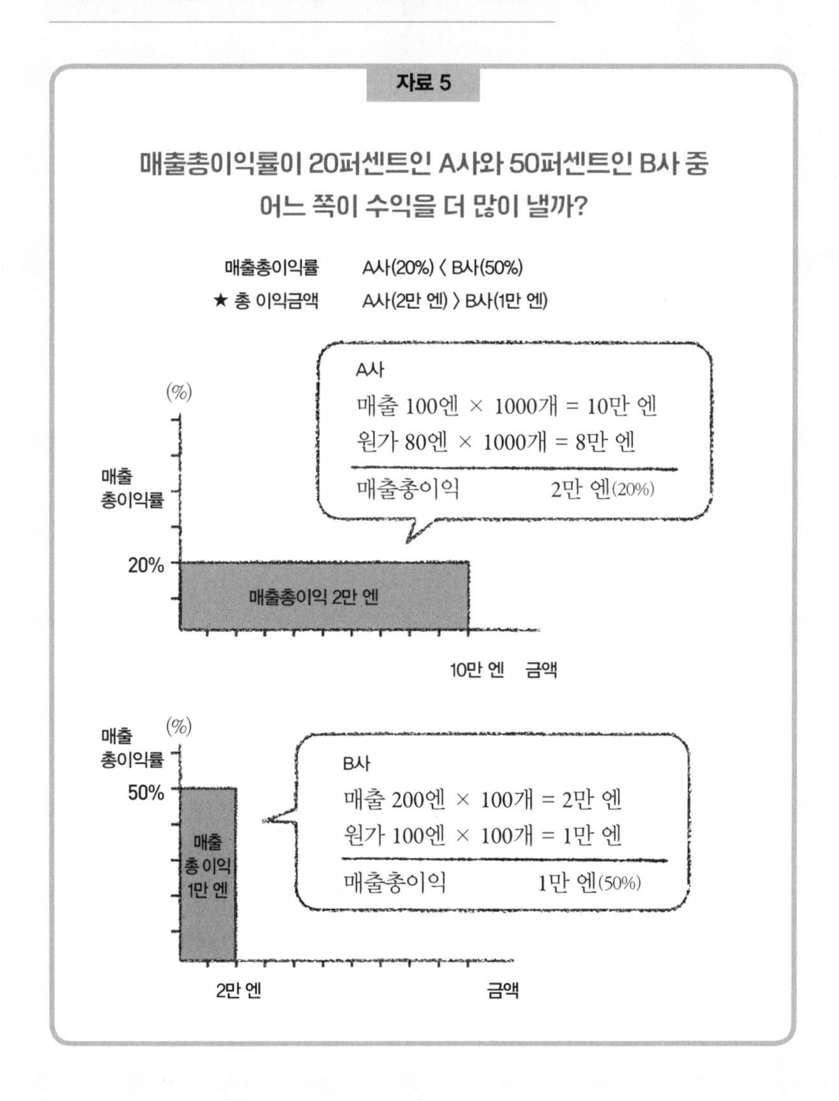

일반적으로 회사는 이익률이 낮은 상품보다 높은 상품을 적극적으로 판매하고 싶어 한다. 상품의 수익력(이익을 내는 힘)은 이익률로 결정된다고 생각하기 때문이다. 그러나 정말 중요한 것은 이익률이 아니라 그 상품 매출이 창출하는 이익금액이라는 점을 명심해야 한다. 아마노는 이러한 사실을 히카리에게 알려주고 싶었던 것이다.

제2장

일류 컨설턴트가 되고 싶으면 와인 시음법을 배워라

April

편도 열차표

히카리의 뉴컨 입사를 축하하기 위해 아즈미 교수가 예약한 곳은 시부야 역에서 오르막길을 올라가야 보이는 와인 레스토랑이었다. 눈에 잘 띄지 않는 가게여서 히카리는 좀 헤매다 약속 시간을 약간 넘겨 도착했다.

"늦어서 죄송합니다."

히카리는 아즈미의 맞은편에 앉더니 한숨을 쉬었다.

"선생님, 저 회사 그만두고 싶어요."

"무슨 일이 있나?"

"제 이야기 좀 들어주세요. 저는 뉴컨에 들어가고 싶어서 선생님의 수업도 열심히 듣고 인턴십도 마쳤어요. 하지만 정작 타이거컨설팅인지 뭔지 하는 알지도 못하는 회사에서 일하게 되었어요."

아즈미는 살짝 고개를 갸웃했다.

"그 말은 뉴욕컨설팅에 채용되지 못했다는 말인가?"

"아니요."

히카리는 새로 발급받은 사원증을 아즈미에게 보여주었다.

"뉴컨에 입사하긴 했어요. 하지만 6개월간 연수라는 명목으로 견습 기간을 거쳐야 하는데 그 연수받는 곳이 타이거컨설팅이에요."

히카리의 어깨가 축 처졌다.

"편도 열차표를 받은 거나 마찬가지예요."

"한 번 파견되면 두 번 다시 뉴컨으로 돌아가지 못한다는 말인가?"

"그곳은 호랑이굴이라고 불리는데 거기로 보내진 신입사원들 대부분은 도중에 퇴사했대요. 저도 벌써부터 그만두고 싶어요."

히카리는 고개를 푹 숙였다.

"아, 그러고 보니 자네에게 말하지 않은 것 같은데 뉴컨의 사장이 내 제자라네."

"마에하라 사장님이요? 선생님의 수업을 들었나요?"

"머리도 좋고 아주 뛰어난 학생이었지. 다만 대범하지 못해서 조직의 리더가 될 만한 사람은 아니었어."

"그런가요……?"

히카리는 아즈미가 무슨 이야기를 하고 싶은 것인지 도통 알 수가 없었다.

"내 수업의 OB모임에서 들었는데 뉴컨의 신입사원 중 정식으로 채용되는 것은 50퍼센트 정도라고 들었네."

채용 통지를 받은 열 명 중 다섯 명이 떨어진다는 말이었다.

"그리고 실제로 뉴컨의 구성원으로 자리 잡는 건 두세 명이라고 하더군. 그렇게 살벌한 방식으로 과연 우수한 인재를 육성할 수 있을지 의문이지만.”

히카리는 아즈미의 이야기를 건성으로 듣고 있었다.

‘내일 당장 사표를 내자. 얼른 그만둬야 내년에 제2신졸자(대학 졸업 전 취업에 실패해 그 다음 연도를 노리는 취업 재수생을 가리키는 말－옮긴이)로서 취업 활동을 할 수 있다. 어물거릴 때가 아니다.’

오로지 이 생각뿐이었다.

위험한 일

그때 아즈미가 히카리의 어깨를 탁 치며 즐거운 표정으로 말했다.

“무슨 생각을 그렇게 하나? 편도 열차표? 재미있지 않나? 내가 자네라면 설레서 가슴이 두근두근할 것 같은데.”

“정말 남 일처럼 말씀하시네요.”

“놀리는 게 아니야. 타이거가 어떤 회사인지 나는 모르네. 하지만 마에하라에 관해서는 잘 알고 있지. 그는 성실하고 융통성이 없는 고지식한 사람이야. 수업 중에 내가 농담이라도 하면 화를 내는 학생이었어. 게다가 리스크를 회피하는 데는 천재적이었지. 하지만 그런 사람조차 컨설턴트로 성공했네.”

여기까지 듣고 나니 아즈미가 말하려는 바를 알 수 있었다. '뉴컨이든 타이거든 히카리가 생각하는 것만큼 훌륭한 인재만 있는 것은 아니다. 그런 일에 일희일비할 시간이 있으면 그 시간에 경험을 쌓으라고 말하려는 것이다. 하지만 히카리는 여전히 회사를 그만두어야 할지 아니면 머물러야 할지 망설여졌다.

"혹시 제가 파견된 타이거컨설팅이 뉴컨이 접수한 위험한 일을 도맡아서 하는 회사가 아닐까요?"

아즈미는 잠자코 고개를 끄덕였다.

"그렇겠지. 컨설팅비가 얼마 안 되지만 얽히고설킨 관계상 거절하지 못하는 일도 있을 테고……."

"그런 일을 해야만 하는 거군요. 경험이 되긴 하겠지만요."

히카리는 자부심에 상처를 받았다.

아즈미에게는 그런 히카리의 어설픈 자부심이 훤히 보였다.

"벌써 8년 전 일이야."

아즈미는 갑자기 옛이야기를 꺼냈다.

"원하지도 않았는데 아버지의 유언에 따라 사장이 된 여자가 있었어. 나는 그 사람의 참모 역할을 하게 되었지. 이름이 유키였는데 회계와 경영을 전혀 모르는 정말 초짜였네. 나는 유키에게 이런 질문을 던졌어. '만두 가게와 고급 프랑스 레스토랑 중 어느 쪽이 더 돈을 잘 벌까?'라고 말이야. 그리고 CVP 분석[4]하는 법을 가르쳐줬지."

"재미있네요. 만두 가게는 가게 유지비가 별로 들지 않지만 한계이익률[5]이 낮죠. 하지만 고급 프랑스 레스토랑은 요리의 공헌이익률은 높지만 가게 유지비가 꽤 많이 들어요. 그러니까 수익은 고객의 수로 결정되겠네요. 그렇지 않은가요?"

히카리는 당연하다는 듯한 어조로 말했다.

"아주 틀린 대답은 아니군. 처음 만났을 때의 유키가 한 대답보다는 훨씬 나아. 하지만 예를 들어 '적자인 프랑스 레스토랑을 어떻게 하면 흑자로 만들 수 있을까'라는 질문을 받으면 어떻게 대답하겠나?"

"잘 모르겠어요."

히카리는 솔직하게 대답했다.

"분명히 말해서 자네는 아직 컨설팅을 한 경험이 없어. 컨설팅 업무를 의뢰받는다 해도 실패를 하면 했지 성공하진 못할 거야. 학교에서 배운 이론만으로 컨설팅을 할 수 있다고 생각하는 것 자체가 잘못된 거라네. 잘 생각해야 해. 이 업계에서는 아무도 자네가 엘리트라고 생각하지 않아. 자네는 그냥 초짜야. 월급을 받을 수 있다는 것만으로도 감사해야 하네. 타이거가 문제투성이인 의뢰인만 받는 회사라면 오히려 바라던 바가 아닌가? 컨설팅 경험을 쌓을 수 있는 최고의 환경이야."

그러나 히카리는 고개를 저었다.

"그 사람들은 제가 실패하기만 목을 빼고 기다리고 있는 걸요."

히카리는 고개를 숙인 채 자신의 기분을 털어놓았다.

"히카리, 그렇게 심각하게 생각하지 않아도 돼. 실패하지 않으면 되는 거야."

"하지만 선생님은 방금 경험이 없으면 성공하지 못한다고 말씀하셨잖아요.”

“자자, 그렇게 흥분하지 말게. 내가 한 말에는 조건이 있어.”

“조건이요? 그게 뭔가요?”

“컨설팅 작법이야. 이것을 알고 있으면 결정적인 실패를 하진 않지.”

컨설팅 작법

히카리는 ‘작법’이란 말에 흥미를 느꼈다. 작법은 어떤 것을 할 때 정해진 규칙을 말한다. 아즈미는 컨설팅에도 작법이 있다고 말했다.

“그 작법이 뭔지 배울 수 있을까요?”

“물론이지.”

히카리는 학생 시절부터 써온 빨간 노트를 가방에서 꺼낸 뒤 아즈미의 말을 기다렸다. 그러자 아즈미는 오른손을 들어 소믈리에를 부르더니 레드와인을 두 병 주문했다. 그리고 막 가려는 소믈리에를 불러 세워 이렇게 덧붙였다.

“두 병을 한꺼번에 마시고 싶습니다. 보르도와 부르고뉴용 잔을 두 세트씩 준비해줄 수 있을까요? 그리고 치즈와 빵을 좀 갖다주세요.”

잠시 후 말끔하게 윤이 나는 생김새가 다른 와인 잔이 두 사람 앞에 두 개씩 놓였다. 소믈리에가 와인 두 병을 각각 잔에 따랐다.

아즈미는 와인 잔을 기울여 코에 가까이 가져갔다가 와인을 머금었다. 그런 다음 잔을 내려놓고 "최고"라고 말했다. 그러자 소믈리에가 다시 각 잔에 와인을 따랐다.

"컨설팅 작법을 가르치기 전에 와인 시음을 어떻게 하는지부터 가르쳐주지. 신기하게도 컨설팅 작법과 상통하는 점이 있다네."

아즈미는 히카리의 노트에 아끼는 굵은 만년필로 '외관, 향, 맛'이라고 적었다.

"와인 시음을 할 때는 가장 처음 '외관'을 관찰하고, '향'을 확인한 다음, '맛'을 음미해. 이 단순한 세 가지 방법으로 이루어지지."

아즈미는 컨설팅 일은 까맣게 잊었는지 와인 시음법만 열심히 이야기했다.

"자네는 와인을 마시기 전에 왜 시음을 하는지 생각한 적이 있나?"

"일종의 의식이라고 생각했는데요."

히카리는 솔직하게 말했다.

"그렇군. 하지만 그 대답은 틀렸네. 시음은 와인을 즐길 때 절대 생략할 수 없는 중요한 작법이야."

아즈미는 와인 잔을 들어올려 비스듬하게 기울였다.

"먼저 이렇게 와인의 색깔 등 '외관'을 본다. 다음으로 아로마, 즉 '향'을 확인한다. 이때 잔을 코에 너무 가까이 가져가면 안 돼. 마지막으로 와인을 입에 머금고 혀 전체로 신맛이나 떫은 정도 등의 맛을 '음미'한다. 이런 행위를 하는 이유는 바로 와인의 질을 '감정'하기 위해서라네."

감정(鑑定)이란 전문가가 대상물을 여러 각도에서 분석해 그 가치를 평가하는 것이다. 히카리는 와인을 감정하기 위해서라니 너무 호들갑스러운 이유라고 생각했다.

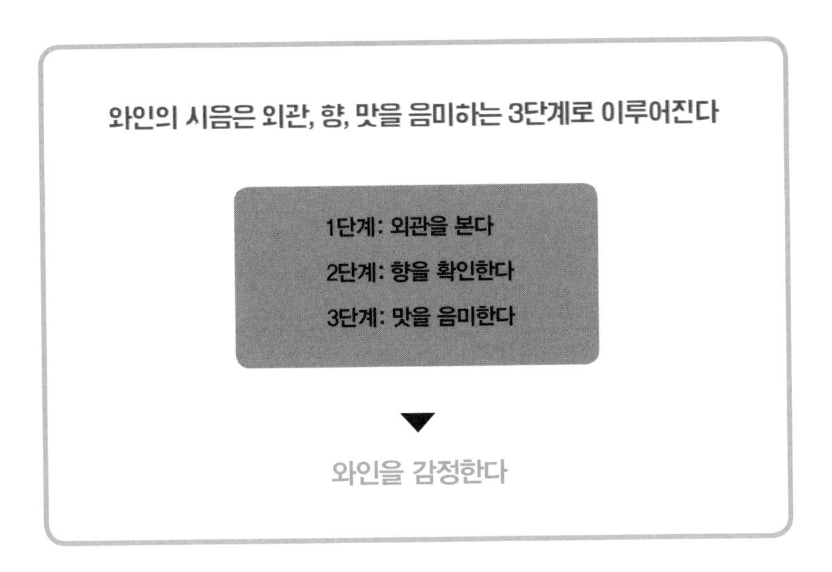

"먼저 외관부터 보지. 첫 번째 와인의 색채는 꽤 짙은 가넷 색이야. 그리고 점착성도 있어. 그러면 향은 어떨까? 스모키하고 허브 향도 좀 나는군. 제비꽃과 서양 삼나무 향도 섞여 있어. 정말 복잡하군. 맛은 어떤가 볼까. 카시스, 블랙베리, 프룬 맛이 느껴지는군. 벨벳처럼 매끈한 맛에 산미는 부드러운 편이고 여운도 길어. 완벽한 바디야."

아즈미는 눈을 감고 황홀한 표정을 지었다.

히카리도 아즈미가 한 것처럼 와인 잔을 들어 시음을 해보았다. 확실히 가넷 색이고 복잡한 향이 난다. 그렇게 말을 듣고 나니 블랙베리 맛도 느껴진다. 하지만 이 점성이 있는 음료수가 특별히 맛있다는 느낌은 들지 않았다.

아즈미는 두 번째 잔을 잡았다.

"이 와인의 외관은 어떨까? 약간 짙은 루비 색이야. 같은 레드와인이지만 아까 마신 것하고는 전혀 다른 색이지. 그러면 향은 어떨까? 확인해보게."

히카리는 와인 잔의 목 부분을 잡고 코로 가져갔다. 그러자 방금 마신 와인과는 전혀 다른 한 번도 경험한 적이 없는 복잡하고 진한 향이 후각을 자극했다.

'예를 들어서 말한다면…….'

하지만 히카리는 그 향과 맛을 표현할 만한 단어가 생각나지 않았다. 그런 히카리를 도와주려는 듯이 아즈미가 입을 열었다.

"익힌 딸기, 라즈베리, 장미와 제비꽃 향이 느껴지지. 그러면서 송로버섯이나 무두질한 가죽 향도 섞여 있어. 그러면 맛은 어떨까?"

히카리는 와인을 한 모금 마셨다. 갖가지 향이 응축된 액체가 입안에 퍼졌다. 이 감동을 어떻게 표현해야 할지 알 수 없었다.

"차분한 맛에 산미도 강하군. 길게 계속되는 여운, 이것이야말로 와인의 왕이라고 말해도 되겠어."

아즈미는 두 번째 와인에도 흠뻑 빠졌다. 컨설팅 강의는 완전히 잊어버린 것일까? 히카리의 걱정에도 아랑곳하지 않고 아즈미는 와인 이야기를 계속했다.

와인 시음법은 컨설팅의 기본

"자네는 어느 와인이 더 좋은가?"

"처음 마신 와인은 뭔가 좀 끈끈하고 무거워서 별로 제 취향이 아니네요. 아마도 싸구려 와인이 아닐까 싶은데 맞나요? 두 번째 마신 와인은 솔직히 충격이었어요. 이런 음료가 있다니 믿어지지 않을 정도예요."

아즈미는 연신 고개를 끄덕이며 히카리의 말에 귀를 기울였다.

"훌륭한 감상이야. 첫 번째 와인은 샤토 라투르야. 이른바 보르도의 5대 샤토[6] 중 하나로 세계 최고의 레드와인이지. 참고로 자네가 '맛이 없다'고 한 이 와인은 2005년에 제조된 것으로 9만 엔이나 한다네. 그리고 자네 마음에 든 두 번째 와인은 부르고뉴를 대표할 뿐만 아니라 세계 최고로 평가받는 레드와인인 그랑 에세조 1997년산이야. 가격은 10만 엔이네."

히카리의 어깨가 축 처졌다. 둘 다 세계 최고의 와인인데 전혀 그 가치를 알지 못했다. 더구나 샤토 라투르를 '싸구려 와인'이라고 말한 것이 부끄러웠다.

"처음에는 그렇게 해도 괜찮아."

아즈미는 와인을 마시면서 말했다.

"감정 작법을 익히면 적어도 질보다 양으로 만들어진 와인을 비싼 값에 마시는 사태는 피할 수 있다네. 부쇼네인 와인을 모르고 마시는 일도 피할 수 있지."

"부쇼네요?"

처음 듣는 단어였다.

"와인 속에 세균이 침범해서 변질되는 현상이지. 그런 와인은 도저히 못 마셔."

끝없이 계속되는 와인 강의에 히카리는 조바심이 났다.

"선생님. 컨설팅 강의는 아직 멀었나요?"

"자자, 그렇게 서두를 것 없어. 와인 시음법이야말로 컨설팅의 기본 중 기본이라네."

아즈미는 라투르를 음미하면서 그렇게 말했다.

"자네가 아무 준비도 없이 회사에 들어가서 '재무제표에 관해 묻고 싶다'고 해봤자 회사 사람들은 아무것도 가르쳐주지 않을 거야. 일부러 문제점을 감출 수도 있고 그들 자신조차 회사의 실태를 파악하고 있지 못할 수도 있어. 또 자네와 같은 컨설턴트는 이른바 외부인이야. 사실 회사에서 10년, 20년 동안 일해온 사람이 컨설턴트보다 회사에 관해 훨씬 더 잘 알고 있다네. 하지만 어쨌든 자네들은 효율적으로 일을 진행해서 회사의 실태를 정확하게 파악하고 성과를 내야 하지. 그래서 컨설팅에도 시음을 할 때처럼 '감정 작법'을 습득해야 한다네."

히카리는 그제서야 '아하, 그렇구나' 하고 생각했다.

컨설팅의 3단계

"그러면 이제 컨설팅 작법에 관해 설명해볼까?"

아즈미는 굵은 만년필로 히카리의 노트에 거침없이 이렇게 적었다.

1. 목적과 성과물이 무엇인지 명확히 할 것

2. (1단계) 외관 ············ 재무제표 분석(재무 분석)

3. (2단계) 향 ············ 담당자에게 질문

4. (3단계) 맛 ············ 현지 조사를 통한 사실 수집

5. 결론

"와인을 시음하는 목적은 와인의 질을 감정하는 데 있네. 하지만 컨설팅은 계약 내용에 따라 목적이 달라지지. 따라서 처음에 목적과 성과물이 무엇인지 명확하게 해두고 시작해야 하네."

"예를 들면 어떤 게 있을까요?"

히카리는 구체적인 이미지가 떠오르지 않았다.

"특정 회사를 매수하려고 할 경우 투자자는 그 회사의 가치가 과연 투자금액에 적합한지 아닌지 알고 싶어 하지. 또 파산 직전인 회사의 사장이라면 기업을 회생시키는 데 가장 효과적인 방법이 무엇인지 알고 싶어 하기 마련이야. 때로는 부정행위를 하는 직원을 은밀하게 찾아달라는 의뢰를 받을 수도 있어. 사안에 따라 목적이 갖가지여서 컨설팅을 하기 전에 의뢰인의 의도를 확실하게 파악하는 것이 중요해. 그리고 목적에 부합하는 성과물, 즉 보고서를 작성해야 한다네."

'경영컨설팅이라는 말에는 여러 가지 뜻이 함축되어 있구나' 하고 히카리는 감탄했다.

외관을 관찰하다

"질문이 없으면 작법의 1단계인 '외관' 관찰부터 설명하지."

아즈미는 와인 잔을 기울였다.

"회사의 외관을 관찰할 때 가장 많이 쓰이는 것은 '재무제표'야. 재무상태표, 손익계산서, 현금흐름표를 말하지. 자네의 첫 번째 일은 이 재무제표에 숨겨진 암호를 푸는 거야. 구체적으로 말하자면 재무제표의 구조를 해부하는 것이지. 그렇게 함으로써 회사의 실태를 어느 정도 알 수 있다네."

"어느 정도라고요? 대학에서 배운 관리회계 수업에서는 재무제표를 읽으면 회사의 뒷면까지 알 수 있다고 배웠는데요."

그러자 아즈미는 고개를 갸웃하며 이렇게 대답했다.

"과연 자네를 가르친 교수의 설명이 올바른 것인지 나는 의문스럽군. 첫째, 재무제표가 제공하는 정보는 그렇게 많지 않아. 둘째, 재무제표는 절대적인 사실을 표현하고 있는 것이 아니야. 셋째, 회사의 업종에 따라 재무제표에 나타나는 특징이 각각 달라. 즉 외관을 관찰하는 것만으로는 회사의 질을 알아볼 수 없다는 뜻이지."

히카리는 지금까지 재무제표를 보고도 회사의 뒷면까지 알 수 없었던 것은 자신의 경험이 부족하기 때문이라고 생각했다. 그런데 아무래도 그게 아닌 것 같았다.

"좀 더 구체적으로 말씀해주세요."

히카리는 더 깊이 알고 싶어졌다.

"예를 들어 제조회사와 판매회사의 재무상태표와 손익계산서는 그 구조가 같지 않아. 통상적으로 제조회사는 공장을 소유하고 있어서 고정자산 금액이 크지만 판매회사는 그렇지 않아. 매출총이익률을 비교하면 판매회사가 더 높지. 그러나 판매비가 들기 때문에 영업이익률이 높진 않아. 즉, 회사를 분석하는 절대적인 기준은 없다는 말이네. 그렇기 때문에 먼저 컨설팅 대상이 되는 기업의 업종과 특색을 파악하고 분석해야 하는 거야."

"그럼 같은 업종인 회사를 비교할 경우에는 어떻게 되나요?"

아즈미는 두세 번 헛기침을 하고 탄산이 든 미네랄워터로 목을 축였다.

"그것도 그렇게 단순하지 않아. 가령 차입을 많이 하는 회사와 무차입경영을 표방하는 회사를 비교할 경우, 무차입경영 회사가 불황을 잘 이겨내는 것은 확실하지. 하지만 한창 성장하고 있는 회사는 차입을 해야만 급성장할 수 있어. 뭐가 더 좋은지 한마디로 단정할 수는 없다네."

"그런가요? 하지만 그 회사가 뛰어난 회사인지 뒤처진 회사인지 판단하는 기준은 있을 것 같은데요."

히카리는 납득이 가지 않았다.

"절대적인 기준은 없지만 그래도 상식을 알아둘 필요는 있지. 같은 업종인 회사를 비교할 경우, 우량 회사는 적은 자산과 종업원으로 많은 이익을 낼 수가 있어. 또 우량 회사에는 군살이 없어. 하지만 그것이 어떤 상태를 의미하는지는 직접 경험해봐야만 알 수 있을 거야."

분식을 간파하는 능력

히카리는 술기운이 돌수록 아즈미의 이야기가 어려워졌다.

"그리고 재무제표를 분석할 때 주의해야 할 점을 말해두지. 재무제표는 회계적으로 바르게 작성되어 있어야 하네."

아즈미는 이런 이야기를 시작했다.

"만약 재무제표가 작위적으로 조작되었다면 회사의 실태와 전혀 동떨어진 수치가 나오겠지. 그런 재무제표는 아무리 분석해봤자 의미가 없어. 즉 컨설턴트들은 분식을 간파하는 능력도 있어야 해. 교묘한 분식결산은 고급 브랜드의 모사품 같은 거야. 진짜를 간파하는 식견이 없으면 깜박 속아 넘어간다네. 이 능력도 경험을 얼마나 쌓느냐에 달렸지."

아즈미의 이야기가 계속되었다.

"단 회계적으로 올바른 재무제표라 하더라도 회사의 진실한 모습이 보이진 않아. 재무제표는 요약 데이터에 불과하거든. 공장에 전혀 가동되지 않은 기계장치가 방치되어 있는지 어떤 상품이 팔렸는지 재무제표상으로는 알 수가 없어."

히카리는 그게 무슨 말인지 알 것 같았다. 외관을 관찰하면 그 회사의 건강상태를 어느 정도는 추정할 수 있다. 하지만 회사 내부의 상황까지 알 수는 없다. 즉 어떤 병에 걸려 있는지 특정할 수 없다는 말이다.

"이제 좀 알아들은 것 같군. 외관 관찰은 그런 한계점을 감안하고 시행해야 하네. 그 회사의 평판, 업계 전체의 경기도 염두에 두고 해야 해. 재무제표를 분석하는 걸로 회사의 뒷면까지 알 수 있다고 생각하면 절대로 안 되네."

히카리는 컨설턴트가 사건을 해결하는 탐정 같기도 하고 병을 진단하는 의사 같기도 하다는 생각이 들었다.

회사의 향기를 맡다

그때 소믈리에가 다가와 아즈미의 잔에 샤토 라투르를 따랐다. 아즈미는 잔을 빙글빙글 돌리며 코에 가져갔다.

"외관에서 부족한 정보를 보완하는 것이 '향' 관찰이야. 후각이라는 섬세한 센서를 작동시키는 거지. 자네가 하는 일에 비유하자면 수집한 정보를 근거로 가설을 세워 그 회사의 담당자에게 질문하는 작업에 해당하겠군. 그때는 면담에 모든 신경을 집중해야 해. 그 과정에서 회사가 해결해야 할 과제가 무엇인지 신중하고 사려 깊게 집어내야 하네. 컨설팅에서 가장 중요한 것은 이 향 관찰 단계라고 해도 과언이 아니야."

아즈미는 블루치즈를 집어서 입에 쏙 넣었다.

"인간의 후각이 얼마나 대단한지 알고 있나? 수백 가지의 향을 맡고 구분할 수 있어. 미각과는 또 차원이 다르지. 컨설팅도 마찬가지야. 자기 눈으로 회사의 환경을 확인하고 책임자에게 직접 이야기를 들으면 재무제표에서 얻지 못한 방대한 정보를 수집할 수 있어."

히카리는 검붉은 색 액체가 담긴 와인 잔을 들어올려 코끝에 가져갔다. 그러자 신기하게도 방금 전에는 느끼지 못한 갖가지 향이 차례대로 후각을 자극했다. 그것은 카시스소다 향 같기도 하고 카카오 향 같기도 했다.

"그러면 '맛'을 음미하는 단계를 설명하겠네. 시음을 할 때는 입안 전체를 이용해 와인의 모든 것을 맛보고 분석하며 평가해야 하네."

아즈미는 라투르를 머금고 황홀한 표정으로 눈을 감았다.

"역시 5대 샤토야. 블랙베리, 카시스, 초콜릿, 담배 향 등등 수백 가지 향과 맛이 섞여 있어. 이 절묘한 떫은맛과 산미, 농후하면서 섬세한 맛은 마치 최고급 벨벳 같네. 자네가 이 와인이 얼마나 뛰어난지 알지 못하는 게 정말 안타깝군. 경험을 쌓기 전까지는 이 행복을 맛볼 수 없지."

아즈미는 또 한 모금 마시며 이어서 말했다.

"하긴 컨설팅도 그렇지."

회사의 맛을 보다

히카리는 아즈미가 말하는 깊은 지식을 완벽히 이해할 수는 없었지만 대충 무슨 말을 하려는지 알 것 같았다. 아즈미가 말하는 '맛을 보는 일'은 단순히 맛이 있고 없고를 느끼는 것이 아니다. 와인을 머금고 입안 전체로 그 와인의 뛰어난 점과 좋지 않은 점을 혀로 체감하여 다양한 말로 표현하는 것이다. 그렇게 함으로써 그 와인을 다각적으로 관찰하는 것을 의미한다.

이 과정을 컨설팅에 대입하면 '맛'을 음미하는 단계는 현장에 가서 분위기를 느끼고 증거자료와 대조함으로써 사실 관계를 직접 확인하고 심증을 얻는 것이라고 할 수 있다.

히카리는 아즈미 선생님의 말대로 컨설팅과 와인 시음은 닮은 점이 있구나, 하고 생각했다. 그쯤 되자 히카리는 문제투성이인 의뢰인을 받아들이는 타이거에서 일하게 된 것이 의외로 행운일 수도 있겠다는 생각이 들었다.

아즈미는 직접 경험하지 않으면 본질적인 부분을 알 수 없다고 가르쳐주었다. 또 이렇게도 말했다.

"먼저 형식부터 시작하게."

와인 시음과 마찬가지로 컨설팅도 일단 작법을 익히면 재무제표에 들어 있는 회사의 본질적인 과제가 보이기 시작한다는 뜻이었다.

"저에게 컨설팅 작법을 가르쳐주세요!"

히카리는 자기도 모르게 이렇게 외쳤다.

"가르치는 거야 뭐 어렵겠나. 하지만 난 한가하지 않아서 말이야."

그렇게 말하면서도 아즈미는 수첩을 꺼내 일정을 확인했다.

"첫 번째 수요일은 괜찮군, 화요일도……. 자네 일정에 맞추지."

"알겠습니다. 그럼 매월 첫 번째 화요일에 뵙겠습니다."

"자네는 이번 달부터 회사에서 월급을 받는 몸이야. 공짜로는 못 가르쳐주네."

"물론 사례비를 드려야죠. 그렇지만 이렇게 비싼 와인을 사드릴 수는……."

아즈미는 고개를 저었다.

"걱정할 필요 없어. 싸고 맛있는 와인도 많아. 그렇게 걱정되면 내가 찾아서 갖고 오지. 아이고, 배가 고프군. 어서 먹지."

테이블에 놓인 음식들이 눈 깜짝할 사이에 아즈미의 배 속으로 사라졌다.

기업 활동의 두 번째 목적

회사의 실태를 분석하는 데 가장 많이 이용되는 기법이 바로 '재무 분석'이다. 재무 분석의 체계에 관해 알아보자. 회계는 기업 활동의 실태를 표현하는 도구다. 관리회계학자인 로버트 앤서니는 저서 《관리회계 미국경영학체계(제10권)》에서 기업 활동의 목적에 대해 다음과 같이 말했다.

"일반적으로 사업의 종합적인 목적은 수량으로 측정 가능한 범위에서 건전한 재무 상태를 유지하면서 거기에 투하된 자금에 대한 충분한 보수를 획득하는 것이다."

즉, 기업 활동의 목적은 다음 두 가지로 구성된다는 말이다.

1. 건전한 재무 상태를 유지하는 것(재무상태표)
2. 투하된 자금보다 더 많은 보수를 얻는 것(손익계산서)

따라서 기업 활동의 목적은 건전한 재무 상태를 유지하면서 이익(보수)을 획득하는 것이며, 그 실태를 나타내는 것이 재무상태표와 손익계산서다. 그러므로 재무 분석은 크게 재무건전성 분석과 수익성 분석 두 가지로 나뉜다.

- 재무건전성 분석: 기업이 조달한 자금을 효율적으로 운용하고 있는지, 기업이 존속할 수 있을 만큼 재무가 건전한 상태인지 분석하는 기법으로 주로 재무상태표를 대상으로 한다.

- **수익성 분석:** 기업 활동을 통해 얼마나 이익을 획득했는지 분석하는 기법으로 주로 손익계산서를 대상으로 한다.

또한 분류상으로는 수익성 분석에 포함되지만 재무상태표와 손익계산서를 통합한 지표로 '총자본이익률ROI, Return on Investment'이 있다.

제3장

미녀 사원은 왜 열심히 일하는가?

April

진보평의 분노

마루노우치에 있는 뉴컨 일본지사에 갑자기 소동이 일어났다. 진보평이 아무 연락도 없이 서슬이 시퍼런 눈빛을 하고 뉴컨에 들이닥친 것이다. 그는 눈꼬리를 추켜올리고 입가를 바르르 떨며 마에하라에게 불만을 터뜨렸다.

"마에하라 씨, 이 기사를 봤소?"

그는 업계지에서 자른 기사의 복사본을 마에하라에게 보였다. 잘 살펴보지 않으면 지나쳐버릴 정도로 작은 기사 란에 신생 바이오사가 50억 엔에 중국의 실업가에게 매수되었다고 쓰여 있었다.

"이건 나를 가리키는 거요. 누가 누설한 건가?"

"저는 방금 처음 알게 된 일입니다."

"이 일을 아는 사람은 몇 명 안 돼. 범인은 당신이 아닌가?"

범인 취급을 받은 마에하라는 순간적으로 울컥했지만 애써 감정을 추스렸다.

"절대 그렇지 않습니다. 기밀유지 의무는 저희 컨설턴트에겐 목숨과 같습니다."

하지만 진보평은 불만스러운 표정을 바꾸지 않았다.

"하지만 그럴 사람은 당신밖에 없어. 그러니 곤란하단 말이지."

"그렇게 말씀하셔도……."

"그럼 이 건은 알고 있겠지?"

진보평은 가방에서 주간지를 꺼냈다. 《주간 게이니치》라는 잡지에는 이런 기사가 실려 있었다.

안티에이징 분야에서 최첨단 연구를 하는
신생 바이오사를 외국계 펀드가 매수?!

불로장생의 비법이 담긴 약이라고 하면 누구나 흥미를 보이지만 한편으로는 속지 않기 위해 의심하고 경계하기 마련이다. 그러나 신생 바이오사는 이 분야를 연구해 실제로 높은 성과를 내고 있다. 파스퇴르사의 한 부서가 분사되어 생긴 이 회사는 지속적으로 건강기능식품에 관한 연구개발을 하고 있으며 판매 사업도 본 궤도에 오르기 시작했다. 그런 시기에 통째로 중국계 투자펀드에 매수되었다. 이 일이 일본에게 상당한 타격이 되리란 점은 분명하다.

진보평은 묘하게 조용한 어조로 물었다.

"마에하라 씨, 신생 바이오사는 정말로 50억 엔의 가치가 있나?"

"걱정하지 마십시오. 그건 제가 보장합니다."

"그런가? 나는 내일부터 넉 달 정도 중국에 가 있을 거야. 그 사이 아무 일도 없었으면 좋겠군."

걱정스러워하는 진보평을 보며 마에하라는 그가 이 일을 왜 숨기려고 하는지 사뭇 궁금해졌다.

첫 프로젝트가 시작되다

4월 17일 수요일.

히카리가 간다에 있는 타이거컨설팅에 도착하자 인사부장인 미나가와가 싱글거리며 사무실로 왔다.

"갑작스럽지만 내일부터 현장에 가줘야겠어. 우리 직원인 다나카 씨가 A형 독감에 걸려서 말이지. 일주일간 외출 금지라고 하는군. 헌데 지금 손이 빈 사람은 자네밖에 없어. 의뢰인은 작은 회사고 컨설팅 목적도 단순한 것 같으니 처음 맡는 일로 안성맞춤이지. 인차지in charge는 무라니시 씨야."

"인차지요?"

"우리는 현장 책임자를 그렇게 부르지. 무라니시 씨는 알고 있지?"

입사 첫날에 '아주 힘든 곳에 왔군요'라고 한 그 사람이다.

"그리고 담당 파트너는 아마노 사장님이야."

그 이름을 듣자 히카리는 갑자기 마음이 무거워졌다.

곧바로 회의가 열렸다.

아마노는 무라니시와 히카리에게 이번 컨설팅의 목적과 성과물이 무엇인지 설명했다.

"의뢰인은 고급 부동산 중개와 분양을 하는 자이젠 부동산이야. 현 사장이 창업했고 이제 20년이 되었어. 최근 몇 년 동안 매출액은 성장하고 있는데 이유가 뭔지 적자 상태야. 게다가 매년 적자액이 증가하고 있어. 그 원인을 찾아서 대책을 제시하는 것이 이번 컨설팅의 목적이야."

"알겠습니다."

무라니시가 대답했다.

"이건 회사의 업무 안내 개요와 최근 3년간의 재무제표야. 자이젠 부동산의 규모로 봐서 조사기간은 닷새면 충분할 거야. 제안서 작성에 사흘 정도 걸린다고 치고 다음 주 금요일까지 완성하면 되겠군. 부탁하네."

아마노는 그렇게 말하고 다른 회의를 하기 위해 자리를 떴다.

무라니시와 히카리는 먼저 손익계산서의 수치를 훑어보았다. 아마노가 말한 대로 요 몇 년 동안 매출액은 증가 추세였다. 그러나 비용도 매출 이상으로 증가해 적자가 늘어나고 있었다. 말할 것도 없이 적자란 비용이 매출액보다 많은 상태를 말한다. 비용 중 특히 눈에 띄는 것은 판매수수료와 여비교통비, 통신비 같은 판매비와 관리비였다.

히카리는 아즈미가 가르쳐준 대로 회사의 모습을 상상하면서 판매비와 관리비가 왜 증가했는지 생각해보았다. 히카리가 세운 가설은 다음과 같다.

고급 부동산을 판매하려면 특별한 비용이 들 것이다. 예를 들어 일류 사진가가 촬영한 사진을 신문이나 전문지에 게재하고 부유층을 대상으로 개별적인 영업을 할 수도 있다. 계약이 성사되면 판매 대리

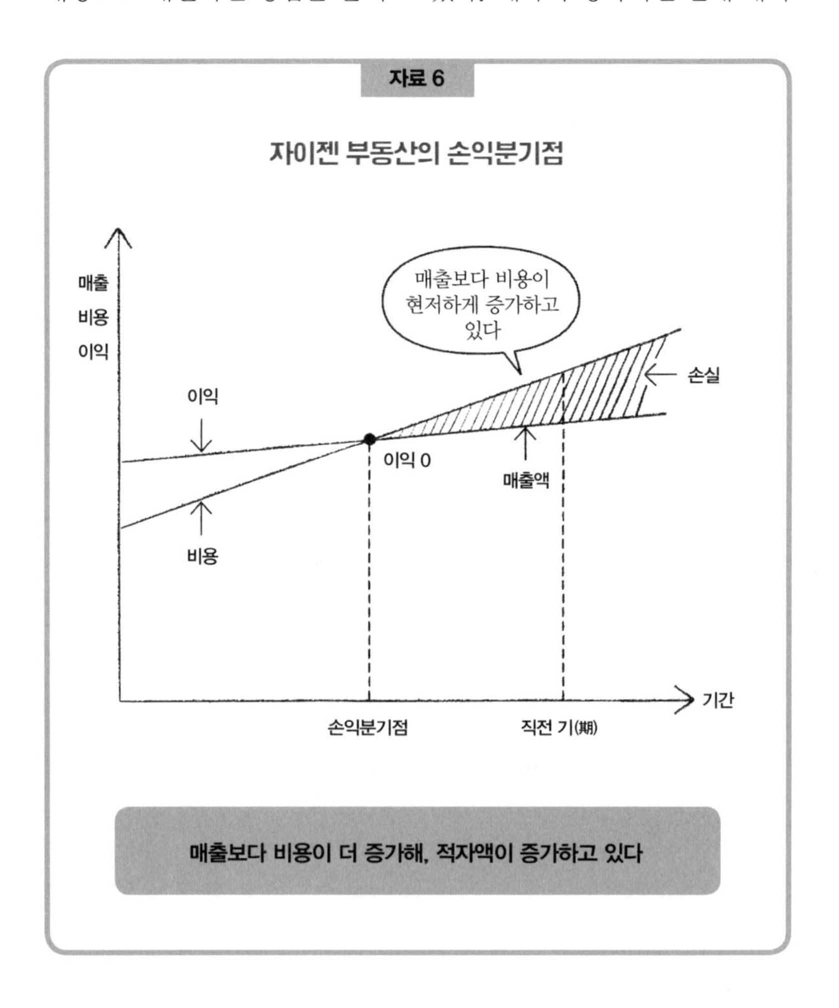

점에게 수수료를 후하게 지급할지도 모른다. 이런 상황에서 판매비와 관리비를 억지로 삭감하면 매출이 틀림없이 급감할 것이다.

하지만 이 이상 판매비와 관리비를 늘리면 적자는 더욱 증가할 것이다. 그렇다면 어떻게 해야 회사를 흑자로 만들 수 있을까. 히카리는 '외관'을 관찰하는 작업이 얼마나 어려운지 깨달았다.

자이젠 사장의 의뢰 내용

4월 18일 목요일.

히카리와 무라니시는 니사마 시의 교차로에서 도보 10분 정도 거리에 위치한 자이젠 부동산으로 향했다. 오전 9시 정각에 도착하자 사장인 자이젠 고로가 이미 접수대에서 두 사람을 기다리고 있었다.

"이쪽으로 오시지요."

자이젠은 사장실로 안내한 뒤 조심스럽게 문을 꼭 닫았다. 그리고 두 사람이 소파에 앉자마자 봇물 터지듯 이야기를 시작했다.

"아마노 씨에게 들으셨겠지만 다시 한번 의뢰사항에 관해 설명하겠습니다. 저희 회사는 부유층을 대상으로 부동산을 판매하고 있습니다. 덕분에 매출은 매년 증가하고 있죠. 하지만 무슨 이유에서인지 적자금액도 증가하고 있습니다. 세무사는 판매비가 너무 많으니 줄이라고 조언하더군요. 하지만 저희 회사는 1억 엔 이상의 물건을 취급합니다. 고객도 한정되어 있어서 싸구려 전단지를 배포하는 식으로 영업할 수는 없습니다."

"그래서 판매비가 눈에 띄게 많이 드는군요."

히카리가 확인했다.

"일류 디자이너와 사진사를 고용해 광고용 책자를 만들어서 주로 의사와 변호사에게 정기적으로 발송하고 있죠. 그리고 잠재 고객에게는 담당 영업 직원이 직접 방문해서 상세하게 설명을 합니다. 그밖에 직원들에게 계약금액의 1퍼센트를 보너스로 적립해주어 실적이 뛰어난 직원에게 집중적으로 급여를 지급하고 있습니다. 이 방식은 직원들에게 호평을 받고 있지요. 그래서 직원들도 한밤중까지 사무실 불이 꺼지지 않을 정도로 의욕적으로 일하고 있습니다."

"의욕적으로 일하는 건 영업부뿐인가요?"

"아뇨. 사실 제일 일찍 출근하는 직원은 경리부 소속입니다. 나카무라 사나에라는 여성인데 아침 7시에 출근해서 접수대의 꽃을 새로 꽂고 모든 직원의 책상을 닦아주죠. 영업부 직원들이 열심히 일한다는 걸 아니까 그렇게 하는 거겠죠."

청소만이 아니었다. 나카무라 사나에는 그 회사 제일의 미인인데도 절대 콧대 높게 굴지 않고 모든 직원에게 "안녕하세요" 하고 웃으며 인사한다고 한다. 당연히 남자 직원들에게도 좋은 평판을 얻고 있었다.

"회사를 위해 누구보다 일찍 출근한다니까요."

사장인 자이젠은 나카무라의 헌신적인 근무태도에 진심으로 고마워하는 듯했다.

"나카무라 사나에씨의 상여는 그만큼 지급되고 있나요?"

그러자 자이젠은 좀 어색한 어조로 대답했다.

"아뇨, 지금으로써는 자원봉사나 마찬가지입니다."

매출이 증가하는데 왜 적자가 커지는가

그 이유는 명확했다. 상여금을 지급할 여유가 없는 것이다.

"재무제표를 보셨겠지만 요 몇 년간 경비가 매출 이상으로 증가하고 있습니다. 제가 보기엔 쓸데없는 비용은 한 푼도 들지 않았는데 낭비를 줄이면 흑자가 될 거라고 세무사에게 야단을 맞았습니다. 하지만 저로서는 뭐가 낭비인지 전혀 모르겠습니다."

"그래서 저희 회사에 의뢰하신 거군요."

"그것도 이유지만 실은 이런 이메일을 받았습니다."

자이젠은 노트북을 열고 두 사람에게 화면을 보여주었다. 메일에는 '회사의 이익을 가로채는 자가 있다'고 쓰여 있었다. 웹 메일로 발송되어 발신자를 특정할 수 없었다. 단순한 장난이라고 무시하면 그만이겠지만 자이젠은 왠지 모르게 계속 신경이 쓰였다고 했다. 혹시 이 내용이 적자와 관련이 있는 것은 아닐까?

“자이젠 사장님께선 범인이 누구인지 짐작이 가십니까?”

무라니시가 물었다.

자이젠은 “아뇨, 모르겠습니다” 하며 이렇게 말했다.

“제가 너무 지나치게 생각한 것일 수도 있지요. 또 지금의 회사 분위기를 망치고 싶진 않습니다. 그러니까 반드시 비밀로 조사를 진행해주셔야 합니다.”

“명심하겠습니다.”

“그러면 감사기간 중 창구 역할을 해줄 나카무라 사나에 씨를 소개하죠.”

자이젠은 전화기 내선번호를 눌러 나카무라를 사장실로 불렀다.

조사 방침

4월 19일 금요일.

두 사람이 작업하는 회의실에 회계장부와 증빙서류[7]가 놓여졌다. 히카리와 무라니시는 정보를 수집하기 시작했다. 즉 와인 시음에서 말하는 ‘맛’을 음미하는 단계다.

“선배님, 왜 그렇게 히죽히죽 웃으세요?”

히카리는 무라니시가 기분이 좋아 보이는 이유를 알고 있었다.

"나카무라 씨가 마음에 들어서 그러시는 거죠?"

히카리가 놀리자 무라니시는 정색을 하며 부정했다.

"그건 오해야. 난 나카무라 씨에게 아무 감정도 없어."

나카무라 사나에는 자이젠 부동산에 입사한 지 10년째 되는 경리부 직원이다. 확실히 이목구비와 스타일뿐 아니라 패션센스까지 뛰어났다. 그런 나카무라와 일 관계로 만나게 되었으니 즐거울 것이다. 히카리는 무라니시 선배도 남자구나, 하고 생각했다.

"히카리 씨, 잠깐 이걸 봐."

무라니시는 분석용으로 작성한 손익계산서(자료 7)를 보여주었다.

이번 컨설팅 목적은 비용이 지나치게 많이 드는 원인이 무엇인지

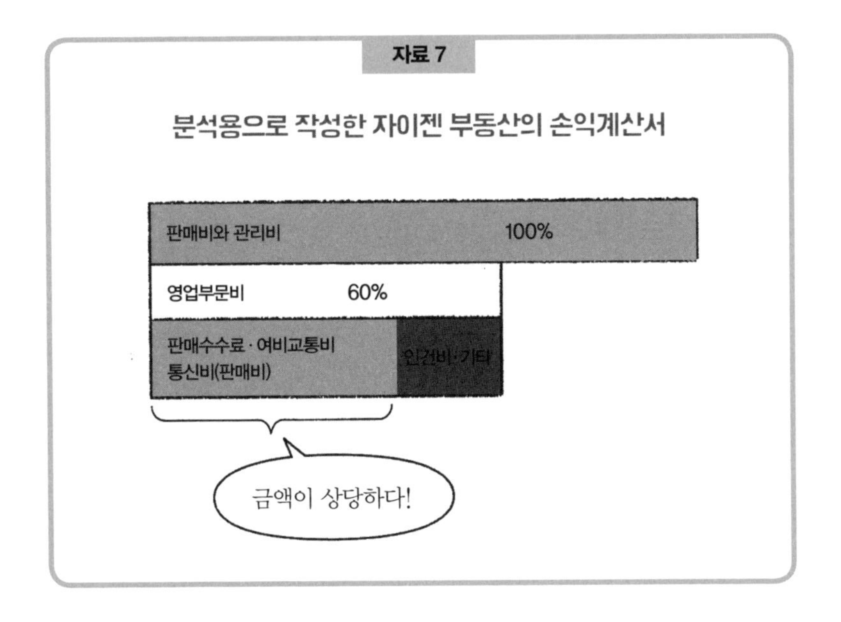

찾아내 회사를 흑자로 만드는 것이다. 판매비와 관리비 중 영업부문비가 유독 많았는데 무려 60퍼센트 이상을 차지하고 있었다. 그중에서도 판매 활동에 드는 판매비가 가장 많았다.

"아마노 씨도 말했듯이 판매수수료, 여비교통비, 통신비가 많이 드는군. 이것들을 한 건씩 확인해봐야겠어."

무라니시는 의욕에 불타올랐다. 이유는 명백했다. 경리 담당인 나카무라를 이곳으로 부를 수 있기 때문이다. 빨려 들어갈 듯한 매력적인 커다란 눈이 자신을 바라본다고 생각하면 같은 여성인 히카리조차 자기도 모르게 한숨이 나올 정도였다.

이번 컨설팅의 표면적인 명분은 은행의 요청으로 임의 감사를 실시하는 것이다. 사장인 자이젠은 누구에게도 진짜 목적을 이야기하지 않았다. 그러니 나카무라 사나에도 알 턱이 없었다.

의외의 국면 전개

4월 22일 월요일.

무라니시는 판매비에 관한 회계장부와 전표, 증빙서류를 하나도 빠짐없이 확인하고 있었다. 말솜씨가 뛰어나지도 않고 외모도 평범한 무라니시의 장점을 꼽으라고 하면 꾸준히 성실하게 일한다는 것

뿐이다. 하지만 지금 무라니시는 마치 다른 사람처럼 엄청나게 열정적으로 일에 집중했다. 나카무라에게 질문할 때는 긴장한 나머지 쉿소리까지 냈다. 그런 무라니시를 보며 히카리는 귀엽다고 생각했다.

그런데 새로운 한 주가 시작되었을 때 히카리는 상상도 못한 일을 알아차리게 되었다. 나카무라도 무라니시를 의식하는 듯 보였다. 사무실 근처의 레스토랑에서 무라니시와 히카리가 점심 식사를 하고 있을 때였다.

나카무라가 자리에 와서 이렇게 말을 걸었다.

"저도 같이 먹어도 될까요? 자리가 없나봐요."

"무, 물론이죠."

무라니시의 목소리에 또 쉿소리가 섞였다.

나카무라는 무라니시의 옆자리에 앉더니 종이봉투에서 꾸러미를 하나 꺼냈다.

"이거, 기념품이에요. 하나씩 받으세요."

포장지에는 하코네 미야노시타에 있는 유명한 호텔 이름이 인쇄되어 있었다.

"하코네에 가셨나요?"

"네, 일요일에 여동생과 같이 다녀왔어요. 그 호텔에서 카레를 점심으로 먹었는데 정말 맛있어서 두 분에게도 권해드리고 싶어서요."

"고, 고맙습니다!"

무라니시의 얼굴에서 미소가 뚝뚝 떨어졌다. 하지만 히카리가 보기에는 그녀의 행동이 좀 부자연스러웠다. 왜 굳이 기념품을 갖고 점심 식사 자리에 온 것일까? 어떤 의도가 있는 것은 아닐까?

"감사의 뜻으로 괜찮으시면 식사 한번 같이하시죠. 아, 억지로 권하는 건 아니고요……."

무라니시의 목소리가 가늘게 떨렸다.

"어머, 좋아요. 정말 괜찮으세요?"

"무, 물론이죠."

나카무라는 스마트폰을 꺼내 일정을 확인했다.

"이번 주말엔 여동생과 약속이 있어서 안 되고…… 다음 주 금요일은 어떠세요?"

무라니시는 들뜬 마음을 억누르며 히카리에게 물었다.

"히카리 씨는 어때?"

"저는 그날 선약이 있어서요."

히카리가 대답하자 무라니시는 "그거 참 아쉽네"라며 환하게 웃었다.

자이젠의 분노

그날 오후에도 조사 작업이 계속되었다. 지난주부터 이어진 판매수수료, 여비교통비, 통신비가 증빙자료를 근거로 계상되어 있는지 확인하기 위해 두 사람은 회계장부와 계약서, 청구서, 영수증과 증빙 자료를 하나도 빠짐없이 대조했다.

하지만 특별히 문제가 될 만한 사실을 찾을 수 없었다. 의심스러운 비용이 섞여 있지 않다면 비용을 지나치게 쓰는 회사 시스템에 문제가 있는 게 아닐까 하고 무라니시는 생각했다.

저녁 무렵, 자이젠이 회의실에 불쑥 모습을 보였다.

"적자의 원인을 알아내셨습니까?"

"비용이 과다하게 지출된 건 아마 예산관리가 잘 되지 않아서가 아닐까 합니다."

무라니시가 대답하자 자이젠이 시뻘건 얼굴로 분노를 터뜨렸다.

"그런 말은 관리회계를 약간만 배운 대학생도 할 수 있어요. 난 비싼 돈을 지불하고 타이거에 의뢰했단 말입니다. 성의 없는 대답은 듣고 싶지 않습니다."

무라니시는 "죄송합니다" 하고 깊이 고개를 숙였다.

"경솔한 발언이었습니다. 제가 말씀드리고 싶었던 건 귀사의 판매수수료, 여비교통비, 통신비가 유독 많고 교제비가 적은 이유는 예산관리가 아니라 예산을 결정하는 방법에 문제가 있는 것이 아닐까 해서……."

무라니시가 변명했다.

"그 말이 그 말 아닙니까! 나는 직원들에게 꼭 써야 할 때는 충분히 비용을 들여도 된다고 말하지만, 쓸데없는 비용은 쓰지 못하게 합니다. 예를 들어 영업부장의 교제비는 제로입니다. 잘 들으세요. 매출을 늘리고 싶으면서 그와 직결되는 판매수수료, 여비교통비, 통신비를 깎을 수는 없단 말입니다."

이렇게 말하고 자이젠은 이유를 알 수 없는 한숨을 내쉬었다.

이익을 가로채는 자

그때 히카리가 입을 열었다.

"이메일에 대해 질문을 좀 하겠습니다. 분명히 '이익을 가로채는 자가 있다'고 쓰여 있어서 신경이 쓰인다고 하셨지요?"

"믿고 싶진 않지만……."

자이젠은 갑자기 얌전해졌다.

히카리는 이익을 가로챈다는 표현이 부자연스럽게 느껴졌다. 이익은 매출에서 비용을 차감한 개념이다. 물리적으로 가로챌 수 있는 대상이 아니다.

"사장님은 그 말의 의미를 어떻게 해석하셨나요?"

히카리는 조심스럽게 물었다.

"아마도 회사 돈이 횡령당하고 있다는 뜻이 아닐까요? 하지만 그런 일은 절대 있을 수 없습니다."

자이젠은 딱 잘라 말했다.

그러자 무라니시가 두 사람의 대화에 끼어들어 화제를 바꾸었다.

"이익이 나지 않는데 야근수당은 꼬박꼬박 지급하고 있군요."

"당연하죠. 부도덕한 기업이란 말을 듣고 싶진 않습니다. 하지만 내 방침을 잘 알아주는 고마운 직원도 있습니다. 경리부의 나카무라 사나에 씨에 대해서는 이미 말했지요? 가끔 꽃을 사와서 내 책상에 놓아주기도 합니다. 게다가 언제나 밤 9시가 넘어서 퇴근하지요. 그런데도 나카무라 씨는 야근수당을 신청하지 않는다니까요."

자이젠은 자랑스러운 직원을 최대한 치켜세웠다.

"직원의 모범이군요."

무라니시는 나카무라에게 점점 더 끌렸다. 하지만 히카리는 그런 나카무라를 냉랭한 눈으로 지켜보고 있었다. 이유는 분명했다. 나카무라가 입고 있는 옷과 액세서리, 구두, 핸드백은 하나같이 비싼 것이었다. 평범한 사무직 여성의 월급으로 살 수 있는 물건들이 아니다. 그런데도 야근수당조차 신청하지 않고 아침 일찍부터 헌신적으로 일하고 있다니 이상하기 그지없었다.

그때 자이젠이 목소리를 낮추었다.

"사실은 부탁이 하나 있습니다."

히카리는 그의 말을 놓치지 않으려고 모든 신경을 집중했다.

"경리부에 사토 시즈코라는 왕언니가 있는데 말이죠. 아무리 잘 봐줘도 미인이라고 할 수 없는데다 옷매무새도 영 아닙니다. 남자 직원들이 나카무라 씨를 예뻐하니까 항상 짜증을 내지 뭡니까."

"그래서 사토 씨가 무슨 일을……."

"사토 씨는 나카무라 씨를 차갑게 대합니다. 혹시 이메일을 보낸 게 사토 씨가 아닐까 해서요. 아니 아니, 내 상상일 뿐입니다."

"평소에 울분이 쌓여 있는 상태일까요?"

무라니시가 불쑥 속내를 토했다.

"스가다이라 씨는 어떻게 생각하시나요?"

자이젠은 히카리에게도 물었다.

"책상을 나란히 놓고 일하는 동료를 상대로 아무리 화풀이라도 그런 메일을 사장에게 보냈을까요? 설령 사토 씨가 범인이라고 해도 아마 다른 이유가 있지 않을까요?"

그러자 무라니시가 의기양양한 얼굴로 말했다.

"다른 이유 말인가? 생각이 나지 않는데. 그리고 메일이란 게 의외로 본심이 나오기 쉬운 거야."

두 사람에게 질문을 마친 자이젠은 회의실을 떠났다.

히카리는 무라니시에게 단도직입적으로 말했다.

"나카무라 씨 말인데요, 어딘지 모르게 부자연스럽지 않나요?"

"자네도 나카무라 씨를 질투하는 거야? 그렇게 별것도 아닌 일 생각할 시간이 있으면 적자의 원인이 뭔지 찾아야지."

히카리의 의혹

시계 바늘이 오후 5시를 넘겼다. 무라니시는 귀갓길에 히카리에게 커피를 마시러 가자고 했다.

"판매비 말인데 특별히 문제는 없어 보여. 히카리 씨 생각은 어때?"

"제 생각 말인가요."

히카리는 아무리 생각해도 나카무라가 마음에 걸렸다.

"그래. 처음 맡은 일이잖아. 그럼 내 가설부터 이야기할 테니 히카리 씨의 생각을 들려줘."

무라니시는 메모한 것을 보면서 이야기하기 시작했다.

"사장님이 영업부의 눈치를 보느라 판매비가 과다하게 들어도 묵인하고 있는 게 아닐까? 그래서 여비교통비나 판매수수료, 통신비가 예산을 초과해도 아무 말 못하는 거야."

하지만 히카리는 무라니시의 이야기를 건성으로 듣고 있었다. 무라니시가 알면 집요하다고 하겠지만 나카무라가 계속 마음에 걸렸다. 어떻게 그렇게 몸치장에 많은 돈을 들일 수 있을까? 또 왜 아침 일찍부터 밤 늦게까지 일하는 것일까?

"무라니시 씨는 나카무라 씨가 갖고 있는 핸드백이 얼마 정도 하는지 아세요?"

"7, 80만 엔 정도 아냐?"

무라니시는 아무 생각 없이 대답했다.

“정말 모르세요? 그건 에르메스의 버킨백이에요. 최소 100만 엔은 한다고요. 구두도 크리스찬 루부탱이고 시계는 까르띠에예요. 좀 이상하다고 생각하지 않으세요?”

“그래? 내 눈에는 성실해보이는데…….”

무라니시는 커피를 입에 댔다.

“하지만 나카무라 씨가 사치스러운 것과 이번 일은 관계가 없잖아. 그리고 부잣집 딸일지도 몰라.”

“그럼 아침 일찍부터 출근하는 이유는 뭘까요?”

“겉모습은 사치스럽지만 보기보다 헌신적인 성격인지도 모르지.”

히카리는 커피에 설탕을 넣고 스틱으로 저었다.

“그런 일보다 보고서 내용 말인데 역시 문제는 예산관리에 있다고 생각해.”

그렇게 말하며 무라니시는 일어났다.

“지금 곧 사무실로 돌아가서 아마노 씨를 만나고 올게. 그럼 오늘 수고 많았어.”

무라니시는 “잔돈은 됐어” 하고 350엔을 히카리에게 주고는 혼자서 사무실로 돌아갔다.

아마노의 압박

4월 23일 화요일.

히카리는 평소처럼 오전 9시에 자이젠 부동산에 도착했다. 접수대 의자에는 무라니시가 지친 표정으로 앉아 있었다.

"나카무라 씨에게 연락하셨어요?"

"아니, 아직. 나 대신 전화 좀 해줘."

병이라도 났나 하는 생각이 들 정도로 기운 없는 목소리를 듣고 히카리는 걱정이 되었다.

"왜 그러세요?"

"아마노 씨한테 실컷 깨졌어."

겨우 들릴 정도로 작은 목소리였다.

"깨졌다고요?"

"이 회사의 보고서 말이야. 예산관리를 철저하게 하라는 제안서를 내겠다고 말씀드렸지. 그랬더니 '바보 같은 놈, 그런 말은 어린애도 할 수 있겠다'라고 하시는 거야. 그리고 영업부장과 면담을 해봤냐고 물으시더라고. '아직 안 했다'고 했더니 또 '바보 같은 놈'이라고 했어. 판매비가 회사의 걸림돌이 되고 있으니 먼저 영업부장의 이야기를 들어야 할 것 아니냐고 노발대발하시더군."

"그러셨군요."

"그러더니 자이젠 사장님이 흑자가 되지 않는 이유를 모르겠다고 하고 있으니 그에 대한 분명한 답을 내놓아야 한다고 하시더군. 그리고 이익을 가로채는 자가 있다는 메일 기억하지? 그 이야기를 했더니 '그렇게 별 것도 아닌 일에 쏟아부을 시간이 있으면 더 열심히 조사해'라고 했어. 마지막으로 '자이젠 사장을 이해시키지 못한다면 자네는 해고야'라고 못을 박더군. 아미노 씨는 항상 그런 식이야."

히카리는 무라니시가 뉴컨에 돌아가지 못하는 이유를 어렴풋이 알 것 같았다.

"진심으로 하신 말씀은 아닐 거예요. 더 열심히 하라고 압박을 주시는 거겠죠."

"히카리 씨는 몰라. 그분은 항상 진심이야. 부하의 약점을 찾아서 몰아붙이지. 내 동료들은 다들 만신창이가 되어 그만뒀어. 누가 타이거를 호랑이굴이라고 했는지 몰라도 정말 잘 갖다 붙인 거라고."

무라니시의 몸이 노여움으로 부르르 떨렸다.

사나에의 업무

"많이 기다리셨죠?"

그때 나카무라가 나타나 회의실로 두 사람을 안내했다.

"무라니시 씨, 왜 그러세요? 낯빛이 안 좋으시네요."

"괜찮습니다. 어제 과음을 해서요. 그보다 오늘 나카무라 씨와 영업부장님에게 질의응답을 하고 싶은데 괜찮으신가요?"

"다오카 부장님 말이지요? 알겠습니다. 잠깐 기다려주세요."

이렇게 말하며 사나에는 회의실을 나갔다.

"아마노 씨가 어떤 지시를 내리셨나요?"

"청구서 금액과 통장을 대조해봤자 아무것도 해결하지 못할 거라고 했어. 왜 판매비가 많이 드는지, 그 원인을 찾아내는 것이 중요하다면서 말이야. 그리고 결제 승인을 하는 입장인 영업부장과 실제로 입금 처리를 하는 경리 담당인 나카무라 씨에게 정보를 얻어내라고 하더군."

히카리는 아마노의 지적에 감탄하면서 무라니시의 이야기를 들었다.

잠시 후, 나카무라가 돌아왔다.

"저녁에 한 시간 정도는 시간을 낼 수 있다고 하시네요."

"그럼 그때까지 나카무라 씨에게 질의응답을 해도 될까요?"

그러자 나카무라는 의외로 단호한 어조로 "오전 중에는 바빠서 안 되겠는데요"라고 거절했다.

"잠깐도 안 될까요?"

무라니시가 묻자 나카무라는 처음으로 딱딱하게 굳은 표정을 지었다.

"청구서를 확인하고 은행에 돈을 지급하는 일을 해야 해요. 그뿐만이 아닙니다. 사장님의 비서 역할도 해야 하고 고급 임대 아파트 홍보도 하고 있어요."

그러자 히카리가 이렇게 질문했다.

"홍보라니, 마케팅 업무도 하신다는 말인가요?"

나카무라는 고개를 가로저었다.

"그건 제가 못하죠. 단순작업이에요. 다이렉트 메일의 발송처를 손으로 쓰고 알록달록한 기념우표를 한 장 한 장 붙여서 보내는 일이에요."

"왜 그렇게 번거로운 방식으로 일하시는 거죠?"

히카리는 정말 의아했다. 컴퓨터를 이용하면 발송처를 자동으로 라벨에 인쇄할 수 있지 않은가. 하지만 나카무라는 아주 진지하게 말했다.

"저희 회사가 취급하는 임대 물건은 최소 월 50만 엔, 분양 물건은 1억 엔 이상입니다. 손님들은 모두 부유한 분들이죠. 그런 분들의 자택에는 매일 수많은 다이렉트 메일이 발송됩니다. 그중에서 저희 회사의 팸플릿 봉투를 뜯어보게 하려면 이 정도 수고를 하는 건 당연한 일이에요. 그렇게 생각하지 않으세요?"

무라니시가 맞장구를 쳤다.

"아하, 그렇겠네요! 게다가 특별히 추가 비용이 드는 방법도 아니고요. 대단한 아이디어입니다. 그런데 이건 자이젠 사장님이 생각하신 건가요?"

"아뇨. 제 생각인데요."

나카무라가 자연스럽게 대답했다.

"진짜요?"

무라니시는 호들갑스럽게 놀라워했다.

영업부장과의 질의응답

오후 4시가 되었다. 회의실 문이 열리더니 체격 좋은 중년 남자가 들어왔다. 남자는 의자에 털썩 앉아 날카로운 눈길로 무라니시와 히카리를 빤히 노려보았다. 바로 다오카 영업부장이었다.

무라니시는 곧바로 질문을 던졌다.

"단도직입적으로 여쭙겠습니다. 여비교통비와 판매수수료, 통신비가 많이 나오는 이유 말인데요. 교통비 중 상당액이 지방 출장의 여비와 숙박비입니다. 그중에서 부장님이 쓰신 비용이 아주 많습니다만 그만큼 전국을 다니며 영업을 하시기 때문인지요?"

무라니시는 다오카의 기분이 상하지 않도록 신중하게 말을 골랐다.

"무라니시 씨의 일은 그렇게 당연한 것을 묻는 건가보군요. 대답은 '예스'입니다. 회사의 기둥은 영업부니까요. 부장인 내가 할 일은 조금이라도 더 매출을 늘리는 것입니다. 그러니 당연히 교통비나 판매수수료가 많이 들겠죠."

다오카는 불쾌한 얼굴로 대답했다.

"알겠습니다. 그럼 판매수수료나 통신비가 많이 나오는 이유는 무엇인가요?"

이번에는 히카리가 질문했다.

"나 참, 기가 막히네. 그런 것도 모르다니. 우리는 분양 아파트에 드는 건설자금을 은행에서 차입한 뒤 조달하고 매출대금이 회수되면 상환합니다. 그러니까 팔다가 물건이 남을 경우, 그 물건의 이익 따위는 곧바로 허공으로 날아가버리죠. 대금 입금이 늦어지면 차입금의 이자가 점점 늘어납니다. 그러니 되도록 빨리 전부 판매해야 합니다. 그래서 협력사에 인센티브를 지급해서 아파트 판매를 돕게 하고 있어요. 계약이 성사되면 판매가의 3퍼센트를 판매수수료로 지급합니다. 그밖에 협력사 사장이나 담당 영업 직원과 만나서 술 한잔 하기도 하죠. 이것을 판매수수료에 얹어서 청구하고 있어요. 왜냐고요? 접대를 할 때와 하지 않을 때의 계약 성사율이 완전히 다르니까요."

히카리는 이 회사의 판매수수료에 다오카가 사용한 교제비도 포함되어 있다는 사실을 처음으로 알았다.

판매수수료의 비밀

"또 궁금한 점이 있습니까?"

다오카는 때때로 시계를 보면서 물었다.

"그럼 저부터 말씀드리죠."

무라니시가 질문했다.

"판매수수료는 3퍼센트죠? 그런데 손익계산서를 보면 부동산매출액은 20억 엔인데 판매수수료는 1억 엔으로 계상되어 있습니다. 판매수수료가 너무 많지 않습니까?"

그런 식으로 질문할 수도 있구나, 하고 히카리는 내심 감탄했다.

다오카는 몇 번 헛기침을 하더니 이렇게 대답했다.

"아까 말했잖습니까. 판매수수료에는 교제비 중 일부가 포함되어 있다고요."

"그렇게 말씀하셨죠. 하지만 그건 좀 바람직하지 않은 방법이 아닐까요?"

그러자 다오카는 불만스러운 어조로 푸념했다.

"그런 건 나도 압니다. 하지만 우리 회사에서는 사장님의 방침상 여간해서는 교제비를 인정받을 수 없어요. 그래서 판매수수료에 살짝 얹어버리는 겁니다. 사장님에게는 비밀이지만 말이죠."

'역시 예산관리에 문제가 있는 게 틀림없어.'

무라니시는 자신감이 생겼다.

시간이 지나자 다오카가 갑자기 안절부절 못하기 시작했다.

"미안합니다. 이제 손님과 약속이 있어서요."

그는 이렇게 말하고는 종종 걸음으로 회의실을 떠났다.

'분양 매출이 20억 엔이면 판매수수료가 3퍼센트니까 원래는 6천만 엔 정도여야 해. 그런데 판매수수료가 1억 엔이라니.'

히카리는 즉시 판매수수료 원장을 주의 깊게 살폈다. 그러자 나머지 4천만 엔 중 대부분이 다오카가 임의로 얹은 특별한 판매수수료라는 점을 알 수 있었다. 그 금액은 은행 계좌로 지급되고 있었다. 게다가 이 금액을 지급할 근거가 되는 각서나 계약서도 없이 그저 청구서에 '특판 지원'이라고 쓰여 있는 것이 전부였다.

"통상적인 판매수수료만으로는 주택이나 아파트를 판매하지 못하는 걸까요?"

히카리가 고개를 갸웃했다.

"이번 컨설팅 목적은 이 회사를 흑자로 만드는 비결을 찾는 거야. 정말이지 비용을 과다하게 지출한 것이 적자의 원인일까?"

무라니시는 생각에 잠겼다.

"하지만 판매수수료를 줄이면 매출도 줄어든다고 하니 말이지."

"아마노 씨한테 여쭤봐도 화만 낼 게 뻔하고……."

둘 다 암초에 부딪힌 듯한 기분이 들었다.

"이제 하루 남았죠? 아, 그렇지! 선생님께 여쭤봐야지."

히카리는 스마트폰을 꺼내 아즈미에게 문자메시지를 보냈다.

히카리의 우울

롯폰기 교차점에서 꽤 가까운 캐주얼 이탈리안 레스토랑이 하나 있다. 롯폰기에 있는 가게 치고는 비교적 저렴하다는 장점 때문에 젊은 손님들로 북적거렸다. 아즈미는 그 레스토랑 안에 함께 있는 와인 가게에서 샴페인과 레드와인을 사서 예약해놓은 창가 자리로 갔다.

"어? 벌써 와 있었군. 첫 번째 일은 어떻게 잘 되고 있나?"

아즈미가 매우 지쳐 보이는 히카리에게 물었다.

"뜬구름 잡는 것 같아요……."

"아하."

아즈미는 차가운 샴페인을 냅킨으로 감싸 쥐고 코르크 마개를 땄다.

그러자 기포와 함께 액체가 분출되었다.

"이거 이거, 아까워라."

아즈미는 흘러나오는 액체를 잔에 따랐다.

"일단 건배부터 하지."

그는 와인에 사로잡힌 눈빛으로 들어올린 잔을 바라보았다.

"우아한 호박 색, 잔잔하면서 무수히 많은 기포, 그리고 뭐니 뭐니 해도 계속 변화하는 향과 맛. 다 마신 뒤에 다시 한번 잔에 스며든 향을 즐겨보게나. 역시 돔페리뇽이야."

아즈미는 혼자서 황홀경에 빠져 있었다.

"선생님께 힌트를 얻고 싶어요."

"자, 나한테 뭘 묻고 싶은 게지?"

히카리는 핸드백에서 노트를 꺼냈다.

"의뢰인은 부동산 판매회사예요. 매년 1억 엔 가까운 적자를 내고 있죠. 하지만 사장은 이익이 나야 정상이라고 생각하고 있어요."

"음, 그래서 제3자의 입장인 타이거컨설팅의 의견을 들어보자고 생각했군."

히카리는 열심히 고개를 끄덕거렸다.

"컨설팅 목적은 뭐지?"

"적자의 원인을 찾아서 흑자화하는 길을 모색하는 것입니다."

"자네는 깔끔하게 해결책을 찾았나? 아니지, 그럴 리가 없지."

"선생님도 참 너무하세요. 연수기간 중에 한 번이라도 실패하면 뉴컨으로 돌아가지 못한단 말이에요."

"저런, 입사하자마자 시련에 부딪쳤구먼."

그렇게 말하며 아즈미는 돔페리뇽을 히카리의 잔에 따라주었다.

"진심으로 아마노는 자네를 뉴컨에 돌아가지 못하게 할 심산일까?"

"그 땡중은 진심이에요."

"땡중?"

"타이거컨설팅의 아마노 씨요. 그래서 선생님께 힌트를 얻으려고 왔습니다."

히카리는 자이젠 부동산의 사업 개요를 설명했다.

아즈미의 우려

"비용 중 여비교통비와 판매수수료, 통신비가 유난히 많아요. 회사의 기둥 격인 사람은 다오카 영업부장인데 신규 수주의 대부분을 따오고 있죠. 그리고 경리부에 나카무라 사나에라는 이름의 미녀 직원이 있는데 아침 일찍부터 밤 늦게까지 헌신적으로 일하고 있어요."

아즈미는 "음음" 맞장구를 치며 히카리의 이야기에 귀를 기울였다.

"나카무라라는 직원은 얼굴도 예쁜데다 헌신적으로 일을 한다고?"

"네."

"같은 여자인 자네가 보기엔 그 사람과 친구가 될 수 있을 것 같나?"

"저하고는 잘 안 맞을 것 같은데요. 나카무라 씨는 굉장히 화려하고 명품을 좋아해요. 차림새에 드는 돈을 대충 계산해봤더니 100만 엔이 넘어요. 저는 그렇게까지 명품을 좋아하지도 않고……."

"그렇군. 그러면 하나 더 묻지. 그 사람은 부잣집 따님인가?"

"글쎄요, 잘 모르겠어요. 제가 보기엔 그럴 것 같진 않아요."

"또 부자연스러운 점은 없나?"

"그 사람의 행동이 약간 부자연스러워 보여요."

히카리는 나카무라가 일부러 무라니시에게 하코네에서 사온 기념품을 준 이야기를 했다.

"무라니시 군에게 호의를 품고 있다고? 그거 재미있군. 나는 나카무라라는 여직원의 사생활을 좀 캐고 싶어졌네."

아즈미는 진지한 얼굴로 그렇게 말했다.

"선생님, 그런 일을 하면 스토커로 체포돼요."

"내가 알고 싶은 건 그 여자의 본모습이야."

"그 말씀은 나카무라 씨에게 또 다른 얼굴이 있다는 건가요?"

"아마 그럴 거야. 그 부동산 회사가 왜 적자인지 그 미녀 아가씨가 알고 있지 않을까?"

"선생님은 그 이유를 아시나요?"

"성실하게 회사를 경영하는 사장이라면 자기 회사가 이익이 나고 있는지 정도는 감으로 알 수 있는 법이야. 그러니 사장이 흑자여야 한다고 느낀다면 거의 대부분 흑자가 맞아. 그런데 현실은 적자가 나고 있지. 이 괴리감은 누군가가 인위적으로 만든 사태일 거야."

하룻밤만에 회사를 흑자로 만드는 방법

아즈미는 나카무라 사나에를 의심하고 있었다.

"어떻게 하면 나카무라 씨에게 회사가 적자인 이유를 알아낼 수 있을까요?"

히카리가 묻자 아즈미는 고개를 가로저었다.

"그럴 필요 없어. 그 여직원은 절대로 대답하지 않을 거야. 그보다는 증거를 잡아야 하네. 내 말대로 하면 분명히 자이젠 부동산을 하룻밤만에 흑자화할 수 있어."

히카리는 반신반의하면서도 모든 신경을 귀에 집중시켰다.

아즈미는 돔페리뇽을 쭉 들이켜고 잔을 내려놓았다.

"자네들 두 사람이 해야 할 일은 이렇네. 영업부장의 1년 치 출장 정산비를 확인해서 그 사람이 언제, 어디에 가서, 무엇을 했는지 적어보게. 그리고 또 하나, 내일 아침 일찍 그 예쁜 여직원이 회사에 오길 기다렸다가 무엇을 하는지 확실히 알아내게."

"그 일은 즉 와인 시음……."

"그래, 맛보기지."

아즈미는 돔페리뇽을 맛있게 한 모금 마셨다.

작전 개시

4월 24일 수요일. 조사 마지막 날.

히카리가 약속 장소인 롯폰기의 커피전문점에 도착한 것은 오전 6시 반이었다.

이미 무라니시가 창가 자리에서 커피를 마시고 있었다.

"이렇게 일찍 불러내다니 대체 무슨 일이지?"

어젯밤 히카리는 무라니시에게 연락해 아즈미 교수의 지시를 전했다.

"아무래도 선생님은 나카무라 씨를 의심하는 것 같아요. 나카무라 씨의 본모습을 확인하라고 하셔서요."

"난 내키지 않는데. 그렇게 성실한 사람인데 본모습을 확인하라니 실례가 아닌가?"

무라니시는 불만을 드러냈다.

"선배님, 이제 오늘 하루밖에 남지 않았어요. 이대로 가면 우리 둘 다 잘린다고요! 저는 선배님과 같이 죽긴 싫단 말이에요."

그때였다. 창문 너머로 꽃다발을 든 화려한 차림의 여성이 지나가는 모습이 보였다. 바로 나카무라 사나에였다. 히카리와 무라니시는 곧바로 가게를 나와 나카무라가 눈치채지 못하도록 뒤를 쫓았다.

자이젠 부동산이 있는 건물에 도착하자 나카무라는 비밀번호를 눌러 셔터를 올리고 엘리베이터를 탔다. 엘리베이터는 3층에서 멈췄다. 두 사람은 계단을 뛰어올라갔다. 회사 현관문은 열려 있었다. 두 사람은 숨을 죽이고 안으로 들어갔다. 그러자 사무실 안쪽에서 어떤 작업을 하는 소리가 들려왔다.

"나카무라 씨의 자리는 사무실 제일 안쪽이었죠?"

히카리가 무라니시에게 소곤거렸다.

잠시 뒤 또각또각 하는 발소리가 들려왔다. 그 소리는 점점 커졌다. 두 사람은 황급히 접수대 옆에 있는 회의실로 몸을 숨겼다. 나카무라는 꽃병과 꽃다발을 들고 나와 공동 탕비실로 향했다.

"선배님, 지금이에요."

히카리가 신호를 주자 두 사람은 사무실 안쪽으로 살금살금 걸어갔다.

"이건……."

나카무라의 책상에는 자이젠 부동산의 로고가 찍힌 작은 종이가방이 놓여 있었다. 안을 들여다보니 두께 5밀리미터 정도의 우표 다발이 들어 있었다.

증거를 찾아라

그 뒤, 두 사람은 나카무라에게 들키지 않게 사무실을 빠져나와 역 앞에 있는 커피전문점에 돌아가 시간을 때웠다.

8시 50분이 되자 둘은 가게에서 나와 다시 자이젠 부동산을 향했다. 두 사람이 회사 건물에 들어가자 마침 엘리베이터 문이 열리고 다오카 영업부장이 나타났다. 그는 두 사람을 쳐다보지도 않고 고개를 숙인 채 빠른 걸음으로 엘리베이터에서 내렸다. 히카리는 다오카가 검은 가방 외에 자이젠 부동산의 로고가 찍힌 작은 종이가방을 갖고 있는 것을 보았다.

접수대에는 나카무라가 두 사람을 기다리고 있었다. 그녀는 평상시처럼 회의실로 그들을 안내했다. 무라니시는 즉시 영업부장의 출장 정산서와 판매수수료의 청구서를 보여달라고 요구했다. 얼마 안 있어 두툼한 파일이 그들 앞에 놓였다.

무라니시와 히카리는 분담하여 출장여비 정산서의 정보를 정리하고 다오카가 몇 시에 어디에 가서 누구와 만나 무엇을 했는지 한눈에 알 수 있게 목록을 만들었다. 히카리는 그 목록을 보다가 문득 나카무라를 떠올렸다.

"나카무라 사나에 씨가 하코네에 간 건 지난주 일요일이었죠?"

"그렇지. 기념품인 레토르트 카레를 선물로 받은 게 4월 22일 월요일이었는데 지난주 일요일에 하코네 미야노시타의 호텔에서 여동생과 카레를 먹었다고 했어."

히카리는 목록 내용을 무라니시에게 보여주었다.

"이것 좀 보세요. 뭔가 알아차리셨나요?"

"뭐가? 여비교통비는 규정에 따라 정산되었군. 이렇게 하면 되는 거 아니야?"

"선배님, 자세히 보세요."

히카리는 4월 22일을 가리켰다. 거기에 비밀이 숨겨져 있는 건 아닌지 의문이 들었던 것이다.

[4월 22일 월요일　노나카 부동산　노나카 사장　도쿄→오다와라(숙박)]

"다오카 부장이 4월 22일에 오다와라로 이동했다고 쓰여 있지만 21일이었는지도 몰라요."

"그건 그래. JR에서 영수증을 발급받지 않으면 정확한 날짜를 확인할 수 없지. 그런데 그게 뭐가 문제지?"

"4월 21일은 나카무라 씨가 하코네 유모토에 놀러간 날이에요. 오다와라에서 하코네 미야노시타까지는 겨우 한 시간 남짓한 거리예요. 이건 제 상상이지만 나카무라 씨는 여동생이 아니라 다오카 부장과 미야노시타 호텔에서 카레를 먹은 게 아닐까요?"

"나마무라 씨가 다오카 부장과? 그럴 리 없어. 시간도 없는데 빨리 통신비나 확인해봐."

무라니시는 발끈하며 히카리의 추측을 부정했다.

히카리의 가설

히카리에게는 또 하나 찜찜한 점이 있었다.

'맞아, 우표대금이야!'

"선배님, 나카무라 씨는 상위 고객에게 다이렉트 메일을 발송할 때 일부러 기념우표를 붙이고 주소를 직접 쓴다고 했었죠?"

"응, 그렇지."

"나카무라 씨가 산 우표와 발송 부수를 맞춰보고 싶어요. 다이렉트 메일은 연 4회, 1회당 1만 부를 발송한다고 했어요. 봉투는 규격봉투가 아니어서 한 통에 250엔이 들어요. 즉 한 번 발송할 때 250엔 × 1만 부 = 250만 엔. 연 4회면 1천만 엔이 든다는 말이죠. 하지만 영업부문의 우표 구입대금은 1천 500만 엔이에요. 차액인 500만 엔은 어디로 간 걸까요……?"

"잠깐 좀 보여줘."

무라니시는 히카리가 작성한 내용을 보았다.

"확실히 당신 말이 맞군. 직접 우표를 관리하는 건 나카무라 씨야. 그렇다면 나카무라 씨가 우표 구입대금을 슬쩍하고 있다는 말인가? 너무 비약해서 생각하는 것 같은데?"

"하지만 그 종이가방에 들어 있던 우표 다발 보셨죠? 그건 혹시 나카무라 씨가 가로챈 회사의 이익이 아닐까요?"

무라니시는 믿고 싶지 않았지만 히카리의 질문에 아무 말도 할 수 없었다.

"판매수수료가 많다는 점도 두 사람이 수상한 이유예요. 특별 지급하는 판매수수료를 비롯해 모든 판매비를 영업부장이 승인하고 있어요. 그 금액을 상대방 계좌로 지급하는 담당자는 나카무라 씨고요. 다시 말해 두 사람 이외에 다른 사람이 내용을 확인할 여지가 전혀 없어요. 가령 두 사람이 한통속이라면 얼마든지 부정행위를 할 수 있죠. 특별 판매수수료도 마음껏 지급할 수 있을 테니까요."

그러자 무라니시가 반론했다.

"그건 좀 억지 아닐까. 증거가 있어? 내가 조사한 바에 따르면 나카무라 씨는 청구서에 쓰인 금액을 정확하게 거래처 계좌로 보냈어."

"그렇죠. 하지만 나카무라 씨와 다오카 부장이 부동산 회사와 공모해 뒤로 수수료를 받고 있다면 어떨까요?"

"자네는 툭하면 나카무라 씨를 의심하는 말만 하는군. 그거 이상하지 않아?"

무라니시의 얼굴이 시뻘겋게 되었다.

"그럴까요? 정황상 회사에서 이익을 가로챈 범인은 그 두 사람 같은데요. 물론 지급처인 회사에서 두 사람에게 돈을 전달했는지는 아직 모르죠. 단언할 수는 없지만 그럴 가능성이 있다는 것만으로도 자이젠 사장님께 말씀드려야 하지 않을까요?"

"난 싫어."

무라니시는 팔짱을 끼고 입을 다물었다.

어떻게 이익을 가로챘는가

일주일 뒤, 히카리는 유라쿠쵸의 프랑스 레스토랑에서 아즈미와 만났다.

"마에하라에게 들었네. 홈런을 쳤다며?"

아즈미는 히카리를 보자마자 이렇게 말했다.

"선생님의 지시에 따랐을 뿐이에요. 역시 나카무라 씨와 다오카 부장이 한통속이었어요."

"설명을 듣고 싶군."

"나카무라 씨가 아침 일찍 출근했던 것에는 이유가 있었어요. 하나는 다이렉트 메일용으로 넉넉하게 구입한 우표 다발을 다오카 부장에게 전달하기 위해서였죠. 다오카 씨는 영업부장이니까 거래처에 간다고 하면 얼마든지 외근을 할 수 있죠. 그렇게 해서 나카무라 씨에게 받은 우표를 상품권 가게에 가서 현금으로 바꾼 거예요."

"아하!"

"또 하나는 가공의 판매수수료 자료를 작성하기 위해서였어요. 계약을 달성했을 때 지급하는 리베이트 외에 대리점 광고 보조라든가 판매지원이라는 명목으로 특별 판매수수료를 지급했죠. 하지만 그것들은 실체가 없는 부풀리기였고 대리점에서 대신 수수료를 받아왔어요. 그러면서 저희들에게는 교제비를 판매수수료에 포함시키고 있다고 말했죠. 일종의 착시 전술이었던 거예요."

"눈속임이다 이거로군. 생각 한번 잘했네."

"착복한 돈은 두 사람이 절반씩 나눠 가졌어요. 나카무라 씨는 그 돈을 몸치장하는 데 쏟아부은 모양이에요."

나카무라는 착복한 돈으로 명품을 샀던 것이다.

"아, 생각났다. 자이젠 사장에게 '회사의 이익을 가로채는 자가 있다'고 쓴 메일이 왔다고 했었지? 그건 누가 보낸 건가?"

아즈미는 레드와인을 맛있게 한 모금 마셨다.

"왕언니라고 불리는 사토 시즈코 씨였어요. 그 사람만은 두 사람에 대해 눈치채고 있었던 것 같아요."

"과연 그렇군. 결국 이익을 가로챈 것은 사내에서 평판이 좋은 아리따운 아가씨였군."

"네. 우표도 리베이트 송금도 나카무라 씨가 실행했어요. 하지만 수수료는 다오카 부장의 계좌로 입금되었죠. 처음에는 절반씩 나누기로 약속한 모양인데 다오카 부장이 나카무라 씨의 몫을 점점 더 줄였던 모양이에요. 그래서 나카무라 씨는 출장 중인 다오카 부장을 하코네 호텔로 불러내서 이야기를 한 거죠. 왠지 모르게 서글프네요."

히카리는 감회에 젖었다.

보고서 내용

"자네는 좋은 경험을 한 거야. 자, 그러면 이번 일에서 승리할 수 있었던 요인이 무엇이라고 생각하나?"

"그게 말이죠, 잘 모르겠어요."

"자네는 나카무라라는 여직원의 언동이 부자연스럽다고 느꼈지."

"그게 결정적인 요인 같지는 않아요. 굳이 말한다면 자이젠 사장님이 저희들이 작성한 보고서를 믿어주셔서가 아닐까요?"

히카리는 무라니시의 양해를 얻고 의문점을 나열한 보고서를 작성했다.

"아마노 씨에게는 엄청나게 혼났어요. 최악의 보고서니까 다시 쓰라고 말이죠. 제 앞에서 갈기갈기 보고서를 찢어버리지 뭐예요. 하지만 무라니시 씨가 보고서 사본을 자이젠 사장님께 전해줬어요."

"그래서 자이젠 사장은 횡령 사실을 어떻게 알아냈나?"

"두 사람을 혹독하게 추궁했더니 자백했다고 해요. 다오카 부장과 공모하고 있는 대리점의 뒤를 캐기도 했고요."

"그렇군. 자이젠 사장은 우리 회사는 분명 이익을 내고 있다고 확신했지. 신뢰하는 두 직원이 회사의 이익을 가로채고 있었다니 충격이 컸겠군."

"네."

"보고서가 정곡을 찔렀으니 아마노의 체면이 말이 아니겠군."

"하지만 아마노 씨는 '내가 세운 가설대로였어'라고 떠들고 다닌다니까요. 이유를 모르겠어요. 하지만 뉴컨의 마에하라 사장님은 이번 건이 성공했다니까 기뻐했다고 들었어요."

"그거 다행이군."

아즈미와 히카리는 미지근해진 카바(스페인의 스파클링 와인 – 옮긴이)를 단숨에 들이켰다.

비용(코스트)은 이익을 창출하는 활동에 사용한다

1. 손익계산서의 구조

《회계학 콘서트 1: 왜 팔아도 남는 게 없을까?》 제1장의 해설을 읽어보자.

2. 드러커적 관점

비용을 투입해도 이익에 공헌한다는 보장은 없다. 또 과다한 비용에는 인위적인 요소가 있을지도 모른다는 점에 주의해야 한다.

"첫 번째 의미는 결과의 90%가 전체 사건 중의 10%에 의해 이루어지고 있는 반면, 원가(또는 비용)의 90%는 전체 사건의 나머지인 성과 없는 90%로 인해 증가한다는 것이다."

_《피터 드러커 · 창조하는 경영자(청림출판, 2008)》

피터 드러커는 '이익을 창출하는 활동에 비용(코스트)을 써야 한다. 그러지 않으면 비용은 아무 가치도 생산하지 않는 활동에 쓰여 수익으로 회수하지 못하게 된다'고 했다. 이 말을 자이젠 부동산의 경우에 대입해보면 판매비가 이익을 창출하는 데 쓰이지 못했다는 말이 된다.

제4장

줄 서서 먹는 디저트 가게는 정말로 돈을 벌고 있을까?

May

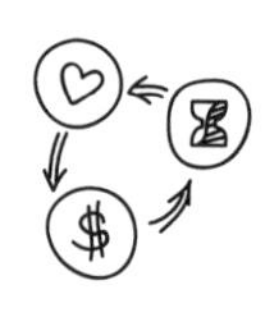

수완 좋은 컨설턴트의 전략

"영업이익률 20퍼센트, ROE 50퍼센트. 우리 회사도 드디어 일류 회사가 되었군요."

양과자 제조 및 판매업체인 그림사의 우라와 신이치 사장은 미나미다 가오루가 그렇게 말하자 눈을 가느스름하게 떴다.

4년 전, 수완 좋은 컨설턴트로 소문이 자자하던 미나미다 가오루를 경영기획실장 자리에 앉히고 나서 그림사의 매출과 이익은 지속적으로 증가했다.

신이치가 아버지로부터 회사를 물려받았던 5년 전, 그림사는 연 매출 5억 엔, 당기순이익 5천만 엔에 불과한 소규모 과자 제조업체였다. 창업자 우라와 신조는 상품의 맛을 떨어뜨리지 않는다, 대금 지급기한은 꼭 지킨다, 무차입경영을 한다는 방침에 강한 자부심을 갖고 있었다.

신이치가 사장이 되고 나서도 그림사의 경영 상태는 안정적이었지만, 이는 아버지가 마련해준 가마를 타고 가는 것이나 다름없었다. 신이치는 그것이 불만이었다. 이렇게 가다가는 영원히 아버지를 뛰어넘을 수 없다. 실제로 회사를 경영하는 데 기둥 노릇을 하는 사람은 창업했을 때부터 함께 일해온 장인들이지 자신이 아니다. 이래서야 바지사장과 다를 바가 없지 않은가, 하는 생각까지 들었다.

또 신이치의 귀에 자신을 '세상물정 모르는 후계자'라고 야유하는 소문이 들려왔다. 신이치는 유니클로를 운영하는 퍼스트리테이링사의 야나기이 사장처럼 사람들이 '대단하다'고 평가하는 2세 경영자가 되고 싶었다. 그런 소망은 날이 갈수록 간절해졌다.

그렇지만 신이치는 어떻게 해야 회사를 크게 키울 수 있을지 도무지 알 수 없었다. 그는 여러 각도로 궁리한 끝에 어떤 결론에 이르렀다. 참모를 구하는 것이다. 세상에 이름을 날린 명장 곁에는 반드시 참모가 있지 않았던가. 신이치는 이종업종 교류회에서 알게 된 경영 컨설턴트 미나미다 가오루를 떠올렸다.

"기업공개 분야에서는 1인자입니다."

분명 그때 증권업계에 근무하는 사람이 미나미다를 소개하면서 그렇게 말했었다. 신이치는 일사천리로 미나미다와 계약을 맺었다.

미나미다가 표방한 경영 전략은 영업이익률과 ROE를 철저하게 중시하는 경영이었다. 영업이익률은 영업이익, 즉 사업을 통해 생긴 이익을 매출액으로 나눈 값을 말하며 '회사의 주된 영업 활동으로 수익을 내는 능력'을 나타내는 지표가 된다. 또 ROE(자기자본이익률)는 주주가 투자한 자본이 얼마나 순이익을 내고 있는지를 나타낸다.

"번데기 앞에서 주름잡기겠지만 이 두 지표를 업계 최고 수준으로 끌어올릴 수 있다면 무서울 게 없을 겁니다."

미나미다는 신이치의 손을 꽉 잡으며 힘주어 말했다.

"사장님, 매출액은 최소 50억 엔, 순이익은 6억 엔, 그리고 영업이익률 20퍼센트, ROE 50퍼센트, 이 목표를 3년 안에 달성하겠습니다."

"정말 가능하단 말이지?"

"저는 컨설턴트입니다. 한 번 한 말은 반드시 지킵니다."

이 얼마나 든든한 참모란 말인가. 신이치는 말로 표현할 수 없을 만큼 가슴이 벅차올랐다.

"전면적으로 지지하겠네."

그 한마디를 시작으로 그림사는 확 달라졌다. 신이치는 미나미다의 조언에 따라 일등지에 점포를 내고 광고 홍보를 하며 유명한 가게에서 디저트 담당자를 스카우트했다. 케이크 공장 건설도 추진했다. 물론 이 계획을 실행하려면 막대한 투자자금과 운전자금[8]이 필요했다. 문제는 자금 조달이었다. 그때까지 한 번도 금융기관에서 차입을 해본 적이 없던 신이치는 순간적으로 주저했다. 그러나 미나미다는 거침없이 신이치에게 결단을 내리도록 촉구했다.

"무차입경영을 해서 더 이상 성장하지 못하는 겁니다. 은행에서 차입을 해 비즈니스를 확대해야 합니다."

차입을 하면 그만큼 재정 상태가 악화된다고만 생각해왔던 신이치에게 미나미다의 조언은 무척 의외였다.

"지금 회사는 성장하고 있습니다. 이 시점에 차입을 해서 사업 분야를 확대하면 영업이익률이 확실히 증가하고 ROE도 높아질 것입니다. 그렇게 되면 잠자코 있어도 은행과 증권사가 몰려들게 됩니다."

이렇게 말하며 미나미다는 크게 웃었다.

그 후 3년이 지났다.

미나미다가 예견한대로 목표 영업이익률 20퍼센트와 ROE 50퍼센트를 달성하자 은행은 그림사를 달리 보게 되었다. 증권사들도 IPO(기업공개)[9]를 하지 않겠냐는 제의를 빈번히 해왔다.

"사장님, 효율적인 경영을 하고 있다는 증거입니다. 과연 사장님입니다."

은행 담당자가 굽실거리며 말했다. 하지만 이 모든 성과는 미나미다의 지시에 따랐기 때문에 이룰 수 있었다. 신이치는 마음 한 구석이 찔렸다. 그러나 경영에서 물러나 회장 자리에 있는 아버지 우라와 신조는 미나미다의 경영 방식을 탐탁지 않게 여겼다.

"분수에 맞는 경영이 그림의 경영 방침이었어. 너는 빚이 얼마나 무서운지 모르는 게야."

우라와 신조는 입만 열면 아들을 그렇게 타일렀다. 이는 미나미다가 한 일을 부정하는 것이었다.

"괜찮습니다. 회사는 저한테 맡겨주세요."

신이치는 걱정스러운 마음을 누르고 호언장담했다.

구조조정 권고

그로부터 반년 뒤, 우라와 신조의 우려가 현실로 닥쳤다. 주거래 은행인 분쿄은행이 추가 대출을 망설이기 시작한 것이다. 게다가 무슨 이유에서인지 그때까지 적극적으로 대출을 추진해온 은행 담당 직원이 갑자기 타 지점으로 발령을 받았다. 나중에 알았지만 은행이 방침을 변경할 때 담당자를 교체하는 것은 상투적인 방법이었다. 이치카와 준코라는 새로운 담당자가 배정되었다. 그녀는 정중한 어조로 자신이 어느 대학을 나왔는지 간단히 말하고 곧바로 그림사의 문제점을 속사포처럼 지적했다.

"왜 이런 상태가 될 때까지 아무 조치도 하지 않으셨나요? 한시라도 빨리 구조조정을 단행해서 군살을 깎아내야 합니다. 이대로 가면 대출을 거둬들일 수밖에 없습니다."

'빌려줄 때는 언제고 실적이 악화되자 대출을 거둬들이겠다니, 말도 안 되는 소리!'

신이치는 생각했다. 그러나 지금 은행에게 버림받으면 회사는 산산조각이 날 것이다. 회사 사정이 나빠졌을 때야말로 경영의 질이 도마에 오르는 법이다. 지금은 미나미다의 경험에 의지할 수밖에 없다고 기대했지만 정작 미나미다는 냉정했다.

"우리 회사가 죽어가는 것을 눈 뜨고 쳐다보기만 하겠다니 분쿄은행은 정말 무책임하군요."

완전히 남의 일처럼 말하는 것이다.

분쿄은행의 압박은 날로 강해짐에 따라 신이치는 툭하면 사장실에 틀어박히게 되었다. 그런 아들의 모습을 보다 못한 우라와 신조는 예전에 의뢰한 적이 있는 타이거컨설팅에 도움을 청했다.

언제 파산해도 이상하지 않은 흑자 회사

"히카리 씨, 이번 일도 같이 하게 되었군. 잘 부탁해."

무라니시는 평소와 달리 기운이 넘쳤다.

"무슨 좋은 일이라도 있나요?"

"어쩌면 뉴컨에 돌아갈 수 있을지도 몰라."

무라니시는 터져나오는 웃음을 억지로 눌렀다.

"어제 아마노 씨가 '지난 번 자네가 열심히 일해줘서 고마웠네. 이번 일만 무사히 마치면 뉴컨에 돌아갈 수 있도록 마에하라 사장님께 말씀드리겠네. 이번에도 힘 좀 써줘'라고 하지 뭐야."

"아마노 씨가 그렇게 말했다고요?"

히카리는 도무지 믿기지 않았다.

"내가 어떻게 일하는지 주시하고 있나봐."

무라니시가 말했다.

'이 사람 칭찬 약을 먹고 붕 떠 있구나!'

히카리는 무슨 일인지 금방 알아차렸다. 무라니시가 꼼꼼하고 누구보다 사람 좋은 청년이라는 것은 히카리도 알고 있었다. 아마노는 그런 무라니시의 성품을 이용해서 실컷 비행기를 태운 것이다.

아마 아무도 하지 않으려는 일을 강요할 생각인 것 같았다. 무라니시는 어리바리한 면이 있으니 실패할 경우, 해고하면 그만이라고 생각하는 것이 틀림없었다. 히카리가 아마노의 비열한 면을 슬쩍 들여다본 순간이었다.

"이게 아마노 씨에게 의뢰받은 일이야."

무라니시는 벙긋벙긋 웃으며 업무 개요를 정리한 종이를 히카리에게 보여주었다.

"의뢰인은 그림이라는 회사인데 양과자 제조와 판매를 한다는군. 자금 회전에 문제가 있어서 언제 파산해도 이상하지 않은 상태래. 하지만 신기하게도 계속 흑자 결산을 달성하고 있어."

무라니시는 헛기침을 하며 히카리에게 말했다.

"흑자인데 돈이 부족하다고요?"

"그래. 이번 일의 목적은 그림사의 자금 회전이 잘 되지 않는 원인을 파헤쳐서 경영 위기에서 벗어날 수 있는 전략을 세우는 거야. 연속 흑자를 내고 있는데 당장이라도 망할지 모르는 상태라니 상상할 수 있겠어? 재미있을 것 같지 않아? 그래서 나는 당신을 파트너로 요

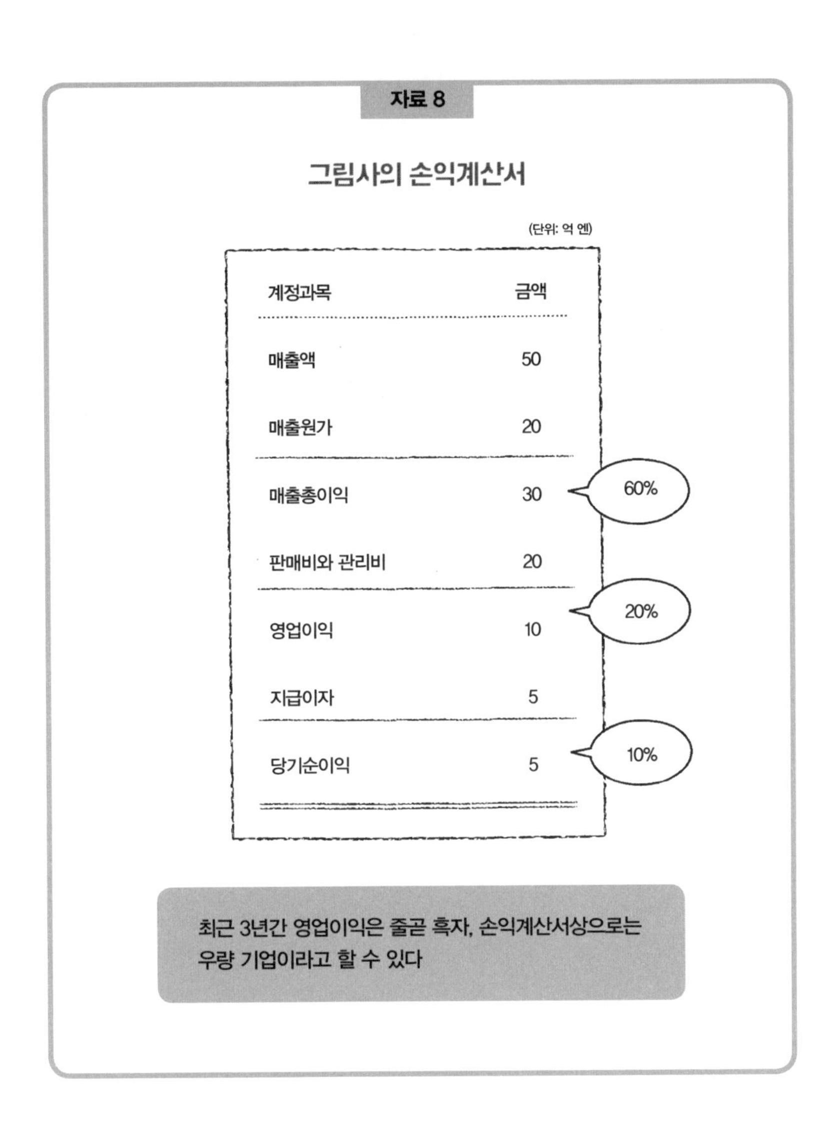
자료 8

그림사의 손익계산서

(단위: 억 엔)

계정과목	금액
매출액	50
매출원가	20
매출총이익	30
판매비와 관리비	20
영업이익	10
지급이자	5
당기순이익	5

최근 3년간 영업이익은 줄곧 흑자, 손익계산서상으로는 우량 기업이라고 할 수 있다

청했어. 좋은 공부가 될 테니 말이야. 이 자료를 좀 봐줘."

그것은 그림사의 최근 3년간의 손익계산서였다(자료 8). 전년도 매출액은 50억 엔, 매출총이익은 30억 엔, 영업이익률 10억 엔, 지급이자 5억 엔, 당기순이익 5억 엔으로 최근 3년간 영업이익은 줄곧 흑자였다.

히카리는 계산기를 두드렸다.

"매출총이익은 60퍼센트, 영업이익률이 20퍼센트, 순이익률이 10퍼센트네요. 이런 우량 기업이 경영 위기에 빠져 있단 말인가요?"

"하지만 지급이자가 많아. 아마 차입금이 상당할거야."

"재무상태표는 아직 안 보셨죠?"

"그게 말이지, 그림사에서 손익계산서밖에 보내지 않았어."

"이 회사 사장은 손익계산서밖에 관심이 없다는 말일까요?"

무라니시는 고개를 크게 끄덕이며 이렇게 말했다.

"재무상태표를 보여주기 싫어서일 수도 있지."

회사를 위기로 몰아넣은 범인

무라니시와 히카리는 하라주쿠 역에서 내려 오모테산도를 거쳐 그림사 본사를 향해 걸어갔다. 약속 시간인 오전 9시 정각에 회사에 도착해 신이치 사장의 비서에게 연락을 했다. 접수대 벽에는 그림사의 텔레비전 광고에 등장하는 인기 여배우의 사진이 붙어 있었다.

잠시 후, 젊은 여성이 나타나 좁은 회의실로 안내했다.

"숨 막혀 죽겠네. 더 넓은 회의실은 없나?"

무라니시가 작은 소리로 불평했다.

곧이어 경영기획실장 미나미다 가오루와 사장인 우라와 신이치가 모습을 보였다. 명함을 교환하자마자 신이치가 봇물 터지듯이 이렇게 말했다.

"은행이 우리를 짓밟기 시작했습니다. 얼마나 냉정한지 어이가 없어요. 지난달까지 담당했던 영업사원은 '제발 우리 돈을 빌려주세요'라고 계속 사정했단 말입니다. 그런데 담당자가 바뀌자마자 '대출 건은 검토해보겠습니다'라고 하는 겁니다. 예전 담당자는 얌전하고 좋은 사람이었어요. 그런데 이번에 온 여자 담당자는 도대체 융통성이라고는 찾아볼 수가 없어요. 고지식하다고 할까 거만하다고 할까 정말 난처합니다."

신이치는 다크써클이 턱까지 내려와 있었다. 그때 경영기획실장인 미나미다가 갑자기 입을 열었다.

"결국 우리 회사는 그 은행에게 휘둘렸던 겁니다."

"그게 무슨 말씀이시죠?"

히카리는 자기도 모르게 되물었다.

"우리 회사의 상품은 인기가 있어 출점을 하면 매출과 이익이 확실하게 증가합니다. 그래서 신규 점포 건으로 대출을 받으러 가면 곧바로 대출을 해줬습니다. 그러다 점차 은행에서 출점계획을 제안하기 시작했습니다. 은행이라는 아군이 생긴 셈이죠. 사장님의 꿈, 즉 연매출 50억 엔, 영업이익률 20퍼센트, ROE 50퍼센트를 실현할 기회라고 직감했습니다. 그래서 안심하고 연이어 신규 점포를 냈지요."

그 결과, 무차입경영을 하던 그림사는 어느새 차입금의 늪에 빠진 회사로 변하고 말았다.

"저희 회사의 경영에 이상이 생긴 것은 2개월 전부터입니다. 어쩌다 차입금 상환이 늦어졌습니다. 그랬더니 은행의 그 여자 담당자가 찾아와서 이것저것 자료를 내놓으라고 요구하더군요. 제출하지 않으면 신규 대출을 할 수 없다고 위협하지 뭡니까. 그들은 막무가내니까요. 결국 경리부 직원이 밤을 새서 자료를 작성해야 했습니다. 일요일에야 겨우 집에 돌아갈 수 있었죠."

미나미다는 어딘지 열의가 없어 보였다.

"그게 어떤 자료인가요?"

"향후 6개월간의 예상 매출과 매입, 점포별 손익, 향후 1년간의 자금 운용 예상, 차입금 상환계획 등의 자료입니다."

"즉 돈이 계속 돌아갈 수 있는지 파악하기 위해서군요."

"그럴지도 모르죠. 그런데 자료를 제출하자마자 은행의 태도가 돌변했습니다."

"요주의 대출처로 등급이 떨어진 겁니까?"

무라니시의 질문에 신이치는 잠자코 고개를 끄덕였다.

"그 뒤 곧바로 지점장이 찾아와 신규 대출 조건을 통보했습니다."

"어떤 조건인가요?"

"대출을 받고 싶으면 경영기획실장인 미나미다와 경리부장을 해고하고 그 대신 은행이 파견한 직원을 쓰라는 것입니다. 인건비의 절반은 은행에서 부담하겠다며 그렇게 하면 인건비가 한 명분 줄어들 것 아니냐고요."

"그 조건을 받아들이셨나요?"

"말도 안 됩니다. 은행 놈들은 경영기획실과 경리부를 통제해 우리 회사를 관리하고 싶은 겁니다. 그런 사태가 되면 '기밀정보'도 들통이 날 거예요! 이런 불합리한 일은 용납할 수 없습니다."

신이치는 흥분을 애써 억누를 생각이 없다는 듯 분통을 터뜨렸다. 무라니시는 '기밀정보'라는 것이 무엇인지 마음에 걸렸다.

"기밀정보라니 혹시 재무제표를 말씀하시는 건가요?"

그러자 미나미다가 신이치 대신 대답했다.

"저희는 상장기업이 아니니까 손익계산서를 직원들에게 공개하지 않고 있습니다. 이익이 나고 있으니 급여를 올려 달라거나 보너스를 더 달라고 하면 곤란하니까요."

"알겠습니다. 그러면 이제 일을 시작하겠습니다. 최근 재무상태표를 보여주십시오. 가능하면 한 부 복사해주셨으면 합니다."

무라니시가 그렇게 부탁하자 미나미다가 "바로 갖고 오겠습니다" 하고 자리를 떴다.

미나미다가 회의실에서 나간 것을 확인하자 신이치는 소리를 낮추어 말했다.

"여러분에게 컨설팅을 의뢰한 것은 제 아버지입니다. 사장인 저로서는 솔직히 컨설팅을 받는 것 자체가 민폐입니다. 여기에 있던 미나미다도 이전에 경영컨설턴트를 했단 말입니다. 아주 머리가 좋은 사람이어서 삼고초려 끝에 우리 회사에 데리고 왔어요. 회사를 약진하게 한 일등공신입니다. 그런데 은행의 다카타 지점장은 저를 부르더니 '그림사를 이 지경으로 만든 범인은 미나미다'라고 하는 겁니다. 그들은 그저 돈을 빌려주는 사람이 아닙니까. 그런데 인사까지 참견하기 시작했어요. 미나미다는 잘하고 있습니다. 제가 보기에 범인은 은행입니다. 저는 말이죠, 다카타 지점장에게 복수할 겁니다."

흘려들을 수 없는 말투였다.

"그게 무슨 말씀이신가요?"

"주거래 은행을 바꿀 겁니다. 사사건건 잔소리 안 하는 은행으로요."

이거 골치 아프게 되었다고 무라니시는 생각했다.

"그건 사장님의 생각이신가요?"

"아뇨, 미나미다입니다. 그는 금융기관에 친한 사람이 많아요. 우량 기업에 대출을 해주려는 은행은 얼마든지 있다고 합니다."

신이치는 그렇게 말하고 좁은 회의실을 나갔다.

무라니시의 권유

그로부터 한 시간이 지났다. 그러나 복사를 하러 간 미나미다는 여전히 돌아오지 않았다. 무라니시가 기다리다 못해 몇 번씩 재촉하고 나서야 겨우 재무상태표를 가지고 얼굴을 비췄다. 그때 무라니시의 손목시계는 종업 시각인 5시 반을 가리키고 있었다.

"죄송합니다. 급한 일이 들어와서요."

그렇게 말하며 미나미다는 과장되게 이마에 맺힌 땀을 손수건으로 훔쳤다. 호들갑스러운 몸짓에서 그것이 연기라는 것이 명백하게 드러났다.

"괜찮습니다. 바쁘신 건 잘 알고 있습니다. 질문을 정리해서 내일 여쭤보겠습니다."

무라니시도 천연덕스럽게 말했다.

두 사람은 그만 귀가하기 위해 하라주쿠 역으로 들어갔다. 그런데 개찰구를 막 통과하려는 순간 그때까지 잠자코 있던 무라니시가 히카리에게 말했다.

"시간 있어? 회사로 돌아가서 작전을 다시 짜고 싶은데."

작전회의

"아무리 그래도 그렇지 반나절이나 기다리게 하고 정말 너무했어요."

히카리는 불쾌하기 짝이 없었다. 조사할 시간은 이제 내일 하루뿐이다. 다음 주에는 개선책을 작성하여 사장에게 보고해야 한다. 미나미다는 그 점을 알고 일부러 시간을 질질 끌었을 것이다.

무라니시는 봉투에서 재무상태표를 꺼내 숫자를 보았다.

"엄청난 빚이야."

그 문서에는 손익계산서에서는 보이지 않았던 진짜 그림사의 모습이 똑똑히 드러났다. 히카리는 서둘러 계산기를 두드렸다.

"이 회사는 유이자부채비율이 500퍼센트나 되네요."

유이자부채비율은 자기자본에 대한 차입금의 비율을 가리킨다.

[유이자부채비율 = (유이자부채잔액 ÷ 자기자본) × 100]

즉, 자기자본의 5배나 되는 자금을 은행에서 조달하고 있다는 뜻이다. 유이자부채는 빌린 돈이므로 언젠가 갚아야 하고 이자도 지급해야 한다. 현명하게 운용하지 않으면 원금 상환뿐 아니라 이자 지급도 할 수 없게 된다. 게다가 그 금액이 생각보다 크다.

예를 들어 1억 엔을 3퍼센트 금리로 5년 상환 조건으로 빌려서 매년 2천만 엔씩 상환한다고 하자. 원금과 이자를 갚으려면 적어도 연간 2천 300만 엔의 세후이익이 필요하다. 법인세율을 40퍼센트라고 가정한다면 세전영업이익은 3천 833만 엔이다(2천 300만 엔×(1－0.4)).

다시 말해 1억 엔을 투자했을 경우 최소한 연간 3천 833만 엔 이상의 이익을 올리지 않으면 회사는 차입금을 완전히 상환할 수 없다. 사장은 그 점을 알고서 대출 서류에 도장을 찍은 것일까?

히카리는 사장이 그렇게 굳은 각오로 차입했을 것 같지는 않았다.

자료 9

그림사의 재무상태표

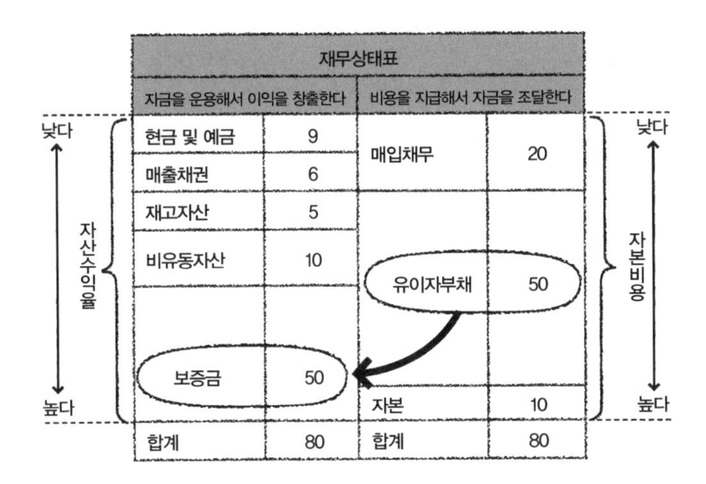

재무상태표			
자금을 운용해서 이익을 창출한다		비용을 지급해서 자금을 조달한다	
현금 및 예금	9	매입채무	20
매출채권	6		
재고자산	5		
비유동자산	10	유이자부채	50
보증금	50		
		자본	10
합계	80	합계	80

유이자부채비율	= (유이자부채 ÷ 자기자본) × 100
	(50 ÷ 10) × 100 = 500%
총자산순이익률(ROA)	= (당기순이익 ÷ 총자산) × 100
	5 ÷ 80 × 100 = 6.25%
재무레버리지	= 총자본 ÷ 자기자본
	80 ÷ 10 = 8배
자기자본이익률(ROE)	= (당기순이익 ÷ 자기자본) × 100
	5 ÷ 10 × 100 = 50%

재무건전성을 희생하며 수익성을 추구한 결과, 최악의 사태가 되었다

재무레버리지

무라니시는 의기양양하게 차입경영의 문제점을 설명했다.

"그림사는 차입금을 지렛대로 이용해 사업 규모를 확장했어. 이것을 재무레버리지[10]라고 하는데 이 경영 수단을 사용하면 유이자부채 비율이 높아지기 때문에 재무건전성을 희생하는 셈이지. 실적이 호조를 보일 때는 괜찮지만 실적이 악화되거나 금리가 상승하는 국면에 접어들면 재무건전성이 급격히 악화되어 사업을 유지할 체력을 잃게 돼. 지금의 그림사는 그 전형적인 예야."

"재무레버리지요?"

히카리도 들은 적이 있지만 정확한 뜻이 기억나지 않았다.

"은행 차입이나 사채 발행 등 유이자부채를 지렛대(레버리지)로 삼아 자기자본의 몇 배나 되는 자금을 운용해서 경영하는 것을 말하지. 재무레버리지를 식으로 나타내면 이렇게 돼."

무라니시는 히카리의 노트에 식을 적었다.

[재무레버리지 = 총자본(타인자본 + 자기자본) ÷ 자기자본]

히카리가 재무레버리지를 계산해보니 무려 8배(80÷10)에 달했다.

"영업이익률이나 ROE만을 경영 지표로 삼으면 발밑이 흔들리고 있어도 상태를 알아차리지 못해."

"발밑이요?"

"재무기반 말이야."

즉, ROE만을 주목하면 재무건전성이 위협을 받고 있다는 사실을 깨닫지 못한다는 뜻이다.

"미나미다 씨는 컨설턴트였으니까 잘 알고 있었을 텐데요."

"바로 그거야. 이익 외에는 안중에도 없는 경영자들이 많아. 미나미다 씨는 이 수법이 극약이라는 것을 알면서도 최대한 차입을 해서 사업 확장 노선을 추진한 거야. 사장의 꿈을 이루려고 했겠지."

"그렇게 말하면 듣기는 좋지만 결국 사장을 계속 속인거잖아요."

히카리는 미나미다가 좋은 의도로만 일했을 것 같진 않았다.

이익이 늘었는데 왜 빚이 늘어났을까?

손익계산서와 ROE만을 본다면 그림사는 크게 성공했다고 할 수 있었다. 은행은 매출과 수익을 계속 늘린 그림사에게 지속적으로 대출을 해주었다. 이렇게 은행과의 관계가 양호하면 자금운용으로 골치를 썩지 않아도 된다. 그런데 경쟁 상대가 잇달아 나타나 매출 성장이 정체되었을 무렵부터 그림사의 경영 상태가 이상해졌다.

"뭐니 뭐니 해도 차입금은 언젠가 상환해야 하는 남의 돈이야. 게다가 빌린 동안에는 이자가 붙지. 차입금이 늘어나면 재무기반이 약해지고 회사의 리스크가 높아져. 회장은 그 점을 걱정하고 있었어."

"그건 알겠어요. 하지만……."

히카리는 고개를 갸웃했다.

"이익이 늘어났는데 왜 차입금이 늘어났을까요?"

"돈이 돌지 않는 거야. 그림사가 1년간 벌어들인 현금, 즉 영업 현금흐름은 6억 엔에 불과했어. 하지만 신규 점포를 내는 데 7억 엔을 투자해왔지. 부족한 자금은 은행에서 빌리면서 말이야. 이런 짓을 계속했으니 차입금이 줄어들 리가 있나."

오늘의 무라니시는 자신감이 넘쳤다.

미나미다의 전략

무라니시가 마지막 결론을 내고 있을 때 파트너인 아마노에게 전화가 걸려왔다.

"좋은 구조조정안을 낼 수 있을 것 같은가?"

무라니시는 당황해서 벌떡 일어나 벽에 대고 꾸벅 고개를 숙였다. 그리고 몇 번이나 "조금만 더 기다려주십시오"를 반복하며 스마트폰의 통화 종료 버튼을 눌렀다.

"시간도 별로 없는데 방해하지 말았으면 좋겠군. 어휴."

무라니시가 투덜거리는데 갑자기 미나미다가 등장했다.

"어떻습니까? 우리가 수긍할만한 제안서를 완성하셨나요?"

미나미다는 아무래도 무라니시를 우라와 신조 회장의 앞잡이라고 생각하는 모양이었다.

그때였다. 히카리가 주저하며 이런 질문을 했다.

"미나미다 씨는 예전에 컨설턴트 회사에 계셨다면서요."

"사장님이 말씀하셨군요. 4년 전쯤이죠. 컨설턴트로 일할 때 사장님이 스카우트하셨습니다. 그런데 왜 그런 걸 묻는 거죠?"

"회계를 훤하게 알고 계시고 무엇보다도 그림사에서 좋은 결과를 내셔서 한번 여쭤봤습니다."

"아, 매출과 수익 증가 말인가요. 한 번 말한 것은 반드시 달성하는 것이 뉴컨의 컨설턴트 임무였으니까요."

"뉴컨에 계셨나요? 저도 거기서 일합니다."

"아, 그랬군."

미나미다는 그때까지 히카리가 뉴컨 후배임을 알지 못한 듯했다.

"아직 저는 인턴기간 중이지만요. 뉴컨에 계셨다니 정말 대단하세요."

히카리의 말에 미나미다의 표정이 밝아졌다. 그때 히카리가 곧바로 준비해둔 질문을 던졌다.

"그런 미나미다 씨가 왜 경영이 흔들릴 때까지 차입을 통해 사업 확장을 추진하신 걸까요? 그 점을 잘 모르겠네요."

미나미다의 반론

미나미다의 얼굴에서 순식간에 미소가 사라지며 표정이 크게 일그러졌다.

"차입투성이로 만든 장본인이 나라고 말하고 싶은 건가? 만약 그렇게 생각한다면 자네는 아무것도 모른다고 말할 수밖에 없네. 내가 사장님께 사업 확장을 권한 이유는 아주 단순해. 그림은 동족회사여서 자금을 조달할 방법이 은행밖에 없어. 하지만 은행은 이익이 나지 않는 회사에 대출을 해주지 않지. 그래서 이익을 중시하는 경영을 지향했네. 그 결과가 영업이익률 20퍼센트, ROE 50퍼센트인 거야. 이런 우량 회사는 결코 많지 않을 거라고 생각하네만."

"하지만 그 결과 은행이 구조조정을 요구하고 있습니다."

미나미다의 표정이 점점 더 굳어지더니 결국 히카리에게 발톱을 드러냈다.

"이봐. 자네는 내 방침이 잘못되었다고 말하는 건가? 원칙적으로 사업계획은 사장이 세워야 하는 거야. 그런데 우리 사장님은 나를 믿어주셔서 사업계획을 책정하는 임무를 완전히 맡기셨지. 그 결과 작은 케이크 가게가 이만큼 성장할 수 있었던 거야. 그 추진력이 바로 '재무레버리지'야. 회사라는 건 말이지, 돈이 없으면 크게 키울 수 없어. 은행은 기업을 성장시킬 의무가 있어. 그런데 분교은행은 이제 한걸음만 더 가면 성공할 수 있는 지점에서 담당자를 교체하고 대출을 취소할 준비를 하고 있어. 긍지 높은 금융가 정신은 어디로 갔는지 모르겠군. 자기 보신만 생각하는 고리대금업자로 전락했다고밖에 할 수 없어. 뭐, 자네처럼 경험이 없는 신입은 내가 한 일을 이해할 수 없겠지."

히카리는 당장이라도 폭발할 것 같은 심정을 간신히 참으며 질문을 계속했다.

"미나미다 씨는 이 회사를 어떻게 재건하실 생각인가요?"

"나 참, 아직도 내 말을 못 알아들었군. 회사는 살아 있는 존재여서 좋을 때도 있고 나쁠 때도 있어. 그렇기 때문에 은행이 지금처럼 계속 대출을 해줘야 하네."

"그렇지만 재무레버리지가 8배입니다. 너무 높지 않나요?"

"높다고 생각하지 않는데. 내 전략이 효과를 나타내서 매출과 수익이 계속 증가했어. 이게 사실이야."

그래도 히카리는 이해할 수 없었다.

"분쿄은행은 구조조정을 단행하지 않으면 대출에 응하지 않겠다고 통보했어요. 저희 역시 차입금이 너무 많으니 구조조정을 할 필요가 있다고 생각합니다."

"다시 말해 자네들은 은행과 같은 생각을 한다는 말이군."

"제안서를 따를지 말지 최종적으로 판단하는 건 파트너입니다. 하지만 이대로 가면 회사가 파산할지도 모릅니다."

히카리로서는 나름대로 돌려 말한 것이었다.

“파산? 지금 농담하나? 난 말이지, 온몸을 바쳐 이 회사를 지키겠네. 하지만 2세 경영자인 사장님은 아무래도 마음이 변하신 것 같군. 회장님과 분쿄은행을 거스르진 못하겠지.”

미나미다의 어깨가 축 처졌다.

“여러 이야기를 했지만 내 임무는 이제 끝났어. 실은 아까 사장님께 사표를 내고 왔네. 자네들이 대신 구조조정을 해줄 테니 안심하고 회사를 그만둘 수 있겠어.”

결국 미나미다는 침몰하는 배에서 탈출할 심산인 것이다.

“사장님은 사표를 수리하셨나요?”

무라니시가 묻자 미나미다는 슬쩍 미소를 지으며 이렇게 말하고는 회의실을 나갔다.

“그 사람은 그런 것도 판단하지 못하더군.”

빚투성이의 성공 보수

히카리는 무라니시의 지시를 받아 기안서를 상세하게 조사했다. 회사의 중요한 결정사항이 기안서에 쓰여 있었기 때문이다. 그리고 놀라운 사실을 알아차렸다. 미나미다가 없어지자 히카리는 무라니시에게 속삭였다.

"미나미다 씨의 보수가 얼마인 것 같으세요?"

"글쎄, 1천만 엔 정도 아냐?"

"절대 아니에요. 명함에는 경영기획실장이라고 쓰여 있지만 그 사람은 직원이 아니에요. 이걸 좀 보세요."

히카리는 그림사와 미나미다가 맺은 계약서 사본을 보여주었다. 거기에는 신규 점포를 설립해 이익이 발생하면 그 이익의 20퍼센트를 보너스로 지급한다는 조항이 들어가 있었다.

"컨설턴트 성공 보수를 받고 있군."

"미나미다 씨가 최근 3년간 받은 금액은 2억 엔이나 돼요. 그것도 선급금으로 처리되어 있어요."

즉, 비용이 아니라 자산으로 계상되어 있는 것이다. 만약 그 금액을 비용으로 처리했다면 그림사의 당기순이익은 5억 엔(자료 8)이 아니라 3억 엔이 된다.

"사장님은 회계 지식이 전혀 없나 봐요."

"최대한 차입을 해서 매출을 늘리고 이익을 쥐어짜 성공 보수를 늘린 거로군. 분쿄은행의 새로운 담당자는 그 점을 알아채고 구조조정을 요구한 거야. 젊은 사장이 감쪽같이 속아 넘어갔군. 이런 상황에선 구조조정만이 그림사를 살릴 유일한 길이야. 하지만……."

무라니시는 갑자기 얌전해졌다.

"난 구조조정을 제안한 경험이 없는데."

그때였다. 히카리의 가방에서 문자메시지 착신음이 들렸다. 아즈미에게서 온 것이었다.

"일은 잘 되나? 같이 밥이나 먹을까? 무라니시 군도 함께 말이야."

아사쿠사의 와인 레스토랑

아즈미가 예약한 와인 레스토랑은 아사쿠사록에서 5분 정도 걸어가면 있는 곳이었다. 일본의 옛 정취를 풍기는 곳으로 히카리는 보자마자 '아즈미 선생님이 좋아하실 만한 가게네'라고 생각했다. 두 사람이 나란히 가게에 들어가자 검은 반다나를 머리에 두른 사람 좋아 보이는 자그마하고 통통한 몸집의 남자가 다가와 말을 걸었다.

"아즈미 씨의 일행이십니까?"

히카리가 끄덕이자 남자는 가장 안쪽에 있는 자리를 가리켰다. 오른손에 와인 잔을 든 아즈미가 보였다.

히카리와 무라니시는 아즈미와 마주보며 의자에 앉았다.

"프랑스 레스토랑인데 원형 의자라니 아사쿠사에 있는 가게답군요."

무라니시가 빙긋 웃으며 말했다.

반다나를 두른 남자가 화이트와인 병을 들고 왔다. 그는 전문가다운 솜씨로 코르크 마개를 따고 세 명의 잔에 와인을 따랐다. 아즈미는 와인 잔을 코에 갖다 댄 다음 한 모금 머금었다.

"투명한 가장자리 선이 보이는 노란 색, 포도 향과 미네랄 느낌이 강하게 나는 세련된 맛이야. 이건 루아르의 소비뇽 블랑이군."

아즈미는 자신만만하게 말했다. 그러자 반다나를 두른 남자는 잠자코 와인 병을 건너편에 있는 테이블에 놓고 자리를 떴다.

히카리는 입을 열지 않았다. 아즈미는 히카리의 눈가에 희미하게 드리워진 다크써클을 놓치지 않았다.

"히카리, 피곤해 보이는군."

"어떻게 아세요?"

"평소의 자네라면 이 화이트와인처럼 활기찰 테니까 말이야."

"그런가요?"

히카리는 가방에서 그림사의 재무상태표를 꺼내 아즈미에게 보이고 지금까지 있었던 일을 설명했다.

경영 옐로카드

"그림사 말인가? 손님들이 줄을 서서 먹는 양과자점이지. 난 그 가게의 비터초코를 정말 좋아해서 콜레스테롤 수치를 내리는 약 대용으로 종종 먹고 있다네. 도쿄에서만도 점포가 열 개는 되지 않을까? 게다가 모두 일등지에 위치해 있어."

"알고 계실지 모르겠지만 대부분 차입금으로 출점한 가게예요."

아즈미는 아무 말 없이 재무제표를 뚫어져라 보았다.

"과연, 수익성은 나무랄 데가 없군. 하지만 재무건전성은…… 정말 심각하군."

무라니시가 바로 그거라는 식으로 끼어들었다.

"앞뒤 생각 없이 빚을 내서 출점하니까 자금이 돌아가지 않게 된 겁니다."

"잘 알고 있군. 다만 자금이 부족한 원인은 설비자금이나 보증금만이 아니야. 회사라는 것은 매출이 급격히 증가하면 운전자금이 바닥나기 마련이지. 자금계획을 세우지 않으면 돌이킬 수 없는 사태를 맞이할 거야."

'그런 뜻이었구나.'

히카리는 감탄했다.

신규 점포를 내면 보증금뿐 아니라 인건비나 재료 매입을 위한 운전자금이 필요하다. 하지만 고객이 상품을 사주기 전까지 운전자금에 들어간 비용은 회수되지 않는다. 다시 말해 신규 점포를 내면 설비자금과 운전자금이 두 배로 필요해지는 것이다. 더구나 매출이 증가할수록 운전자금도 증가한다. 그제야 히카리는 자금계획을 제대로 세우지 않으면 파산할 수도 있다는 아즈미의 설명을 이해할 수 있었다.

"이 재무제표를 보고 추측하자면 그림사는 출점을 반복하며 매출과 이익을 늘려왔군. 하지만 작년부터 바람의 방향이 바뀌어 경영이 역회전하기 시작했네. 즉 예전처럼 매출이 증가하지 않아 이익률이 큰 폭으로 떨어졌어. 그런 상황에서 투자자금과 운전자금은 늘어나기만 했지. 이 변화를 감지한 은행은 그림사를 요주의 거래처로 등급을 내리고 옐로카드를 내민 것이네."

히카리는 옐로카드라는 말이 꽤 재미있는 비유라고 생각했다.

"앞으로 또 한번 잘못하면 그때는 레드카드를 받을까요?"

히카리의 질문에 아즈미는 "머잖아 그렇게 되겠지" 하고 대답했다.

"우라와 신조 회장은 눈치채고 있었을까요?"

이번에는 무라니시가 물었다.

"고생 고생해서 회사를 일으키신 분이니 말이야. 미나미다에게 휘둘리는 아들에게 정나미가 떨어져 타이거에게 도움을 요청했겠지. 그리고 미나미다는 이제 끝물이라고 생각해 황급히 도망친 거야."

기업공개로 차입금을 상환할 수 있을까?

"이익이 줄어들면 성공 보수도 줄어듭니다."

히카리는 그림사와 미나미다와의 업무위탁 계약에 관해 이야기했다.

"그렇군. 컨설턴트에게 가장 중요한 것은 인간으로서의 윤리관인데 말이지."

히카리는 가장 궁금한 것이 하나 더 있었다.

"미나미다 씨는 기업공개를 하면 이 정도의 차입금은 쉽게 상환할 수 있다고 했어요. 그 생각은 잘못되었나요?"

그러자 아즈미가 왜인지 무라니시에게 물었다.

"자네는 어떻게 생각하는가?"

"글쎄요. 이익이 나고 있는 상황이니까 이대로 강행해서 기업공개를 하면 차입금을 상환할 수는 있겠죠. 하지만 자금이 바닥을 드러냈고 기업공개를 하기까지는 시간이 걸립니다. 그때까지 회사가 버틸 수 있을까요? 그렇게 생각하면 역시 구조조정을 먼저 해야겠죠."

"그럼 히카리는 어떻게 생각하나?"

"애초에 그림사가 기업공개를 할 수 있을까요? 전 잘 모르겠어요."

히카리는 아즈미에게 해답을 요청했다.

수익성과 재무건전성

"꽤 좋은 질문이야."

아즈미가 이렇게 설명하기 시작했다.

"수익성과 재무건전성은 자동차의 양쪽 바퀴 같은 거야. 화이트와인에 비유하자면 '산미'와 '단맛'이지. 이 두 맛의 균형이 잘 잡혀 있지 않으면 화이트와인은 맛이 없어. 회사도 마찬가지지. 자네들이라면 수익성이 뛰어나도 재무 상태에 문제가 있어 언제 파산할지 모르는 회사에 자금을 빌려주거나 거래를 하거나 출자를 하고 싶을까?"

히카리와 무라니시는 미리 연습이라도 한 듯 똑같이 머리를 좌우로 흔들었다.

"이제 알겠지? 탄탄한 재무건전성은 회사가 존속할 수 있는 대전제라는 것을. 수익성이 좀 떨어져도 재무기반이 탄탄하면 어떻게든 풀리기 마련이야. 하지만 그 반대의 경우는 성립하지 않는다네."

'그렇구나' 하고 히카리는 일단 수긍했지만 완전히 이해할 수는 없었다.

"방금 전 제가 드린 질문 말인데요, 미나미다 씨는 '기업공개를 하면 차입금은 금방 상환할 수 있다'고 했습니다. 이에 관해 선생님은 어떻게 생각하시는지……."

"얼마 안 가서 확실하게 기업공개를 할 수 있다면 그것도 전략 중 하나겠지. 실제로도 미국의 벤처기업 중에는 단순한 적자가 아니라 채무초과 상태인 회사가 한둘이 아니야. 하지만 일단 투자자들의 주목을 받으면 눈 깜짝할 사이에 거대한 자금이 모인다네. 다만 일본의 벤처기업에는 이런 환경이 조성되어 있지 않아. 물론 그림사가 매력적이고 장래가 유망한 회사라면 이야기가 달라지지. 은행은 장래에 발생할 수익을 추정해서 자금을 대출해줄테니 말이야. 하지만 분쿄은행은 그림사를 유망한 기업으로 보지 않았어."

이익률에 기대는 비즈니스모델

무라니시가 "역시 그렇군요" 하고 중얼거리며 묘하게 차분한 어조로 두 사람에게 이런 사실을 털어놓았다.

"3년쯤 전까지 거슬러 올라가 이사회의 의사록과 기안서를 훑어보았지만 기업공개에 관한 이야기는 전혀 없었습니다. 그리고 감사법인의 감사를 받는 모습도 보이지 않았습니다. 그렇다면 그림사는 애초부터 주식공개를 할 계획이 없었다는 뜻이겠지요?"

"과연, 상장을 하면 차입금을 갚을 수 있다는 말은 미나미다가 갖다 붙인 핑계라고 생각하는 게 좋겠군."

성공 보수가 목적이던 미나미다는 애초부터 차입금을 상환할 마음이 없던 것이다. 무라니시에게는 아직 걱정스러운 점이 남아 있었다.

"선불리 구조조정을 추진하다가 갑자기 회사가 파산하지는 않을까요?"

무라니시는 아직 구조조정을 제안한 경험이 없었다.

"자네가 걱정하는 이유를 좀 더 쉽게 풀어서 설명해주게."

"선생님도 그림사가 수익을 내는 능력이 있다는 점은 부정하지 않으셨습니다. 어설프게 구조조정을 단행했다가 이런 수익력에 타격을 주지 않을까 걱정스럽습니다. 괜찮을까요?"

그러자 아즈미는 이런 이야기를 했다.

"나는 어릴 적 달리기를 잘해서 100미터 경주를 하면 항상 일등을 했지. 하지만 마라톤을 하면 그렇지 않았어. 처음에는 선두 집단에 끼어 있었지만 시간이 갈수록 뒤처졌다네. 이유는 간단해. 순발력은 있지만 체력이 없었던 거야. 수익성은 순발력이야. 하지만 순발력만으로는 오랫동안 같은 페이스로 달릴 수 없어. 기업은 말이지, 영구히 존재한다는 전제 하에 성립하는 것이라네. 그러려면 체력, 즉 재무가 건전해야만 해."

"다시 말해 그림사는 재무건전성을 소홀히 하고 수익성을 추구했단 말이군요."

무라니시가 재차 확인했다.

"그렇지도 않아. 그림사는 단거리 주자로도 실격이야."

순간 무라니시와 히카리는 자신이 잘못 들은 것이 아닌지 어안이 벙벙해졌다.

아즈미는 그림사가 수익력도 충분치 못하다고 말하고 있었다.

"신규 점포를 계속 내면서 차입금을 상환한다는 전략을 취한 것치고는 현재 내고 있는 이익이 너무 적어."

그림사의 비즈니스모델

차입금 원금과 이자를 지급해도 여유가 있을 만큼의 수익이 필요한데 그림사는 그만한 수익력이 없었다.

"그래서 수익력에만 기대는 경영을 하면 문제가 생긴다는 거지."

"중요한 것은 차입금에 기대지 않고도 자금이 계속 돌게 하는 것이군요."

히카리는 자신의 생각을 아즈미에게 말했다.

"바로 그거야. 이익률과 ROE에 의존하는 그림사의 비즈니스모델[11]은 현실적이지 않아. 회장도 분쿄은행도 그 점을 간파하고 있었어. 미나미다도 이제 거의 한계에 도달했다고 감지했겠지. 그래서 기다렸다는 듯이 회사를 그만뒀어. 자네들이 뒤처리를 하게 된 꼴이야."

아즈미는 화이트와인을 꿀꺽 마시고 치즈를 한 입 먹었다.

"한시라도 빨리 구조조정을 하지 않으면 그림사는 엄청난 사태에 직면하겠군요."

"틀림없이 경영 파탄이 날 거야."

아즈미의 한마디가 히카리의 가슴에 무겁게 와닿았다.

"그럼 어떻게 하면 좋을까요?"

"해결책을 생각하는 것은 자네들이 할 일이야. 흔해 빠진 해결책으로는 그림사의 회장도 수긍하지 않겠지."

아즈미는 냉정하게 말했다.

"선생님, 힌트만이라도 가르쳐주십시오."

무라니시가 부탁하자 히카리도 "선생님, 부탁드릴게요" 하며 두 손을 모았다.

"좋아. 무라니시 군, 이번에는 자네에게 와인 한 병을 얻어먹겠네."

아즈미의 힌트

아즈미는 설명을 시작했다.

"그림사의 재무상태표를 보면 오른쪽에는 자금의 조달 원천, 왼쪽에는 운용처가 쓰여 있어(자료 9). 조달한 자금에는 비용이 들지. 따라서 자금은 이익을 창출하도록 운용되어야 하네. 만약 자본 비용만큼의 금액조차 벌어들이지 못하면 그 회사는 쇠퇴하게 되지."

"자금이 효율적으로 운용되고 있는지 판단할 때 회사는 ROE를 기준으로 삼네. 바로 이 점이 문제야."

"그렇군요. ROE는 주주가 투자한 자금의 이익률을 보는 지표죠. 경영 상태를 판단할 때는 자산 전체의 수익률, 즉 ROA(총자산순이익률)를 봐야겠군요."

히카리가 대답하자 아즈미는 "그래 맞아"라고 말하며 산양 젖으로 만든 셰브르 치즈를 한 조각 입에 넣었다.

"ROA를 한번 보지. 선급금으로 처리한 미나미다의 보수를 고려하면 ROA는 3.75퍼센트(3÷80)에 불과해. 수익성이 높다고 무조건 칭찬할 만큼 뛰어난 회사가 아니야. 오히려 차입금의 원금 상환을 고려하면 이 ROA는 너무 낮아. 다시 말해, 그림사의 본질적인 문제는 이자를 지불하면서 조달한 자금이 충분한 이익을 창출하는 자산에 운용되지 못하고 있다는 점이야. 이 정도로 힌트를 주면 자네들의 제안서는 이미 완성된 것이나 마찬가지야."

"그런가요……?"

무라니시와 히카리는 고개를 갸웃했다.

"마지막 힌트를 주겠네. 이익을 창출하지 않는 자산을 처분하고 유이자부채를 갚아야 하네."

테이블의 음식과 와인이 남김없이 세 사람의 배 속으로 사라졌다. 살짝 취기가 돈 아즈미가 일어나 반다나를 한 점장에게 말했다.

"오늘 마신 루아르의 소비뇽 블랑은 참 맛있었네."

"선생님, 그건 알자스 지방의 리슬링입니다."

점장이 난처한 얼굴로 말했다.

좋지 않은 보고서

아즈미의 힌트는 구조조정책을 마련할 때 중요한 지침이 되었다. 무라니시와 히카리는 재무상태표의 비유동자산의 내용을 차근차근 점검했다. 그 결과 다양한 사실이 밝혀졌다.

먼저 신규 출점할 때의 보증금이다. 여기에 쓰인 자금은 가게의 임대계약이 종료될 때까지 다른 용도로 유용할 수 없다. 즉 실적이 나쁜 점포의 보증금은 수익성이 나쁜 상태로 고정되어 있을 뿐이다. 더구나 이 보증금에 쓰인 자금은 전부 은행에 이자를 지급하며 조달하고 있었다.

다음으로 두 사람은 전국 50여 곳 점포의 채산성을 조사했다. 그 결과, 공헌이익[12]이 적자인 점포가 다섯 곳임을 확인했다. 다시 말해, 그 점포들은 매출총이익보다 점포를 유지하기 위해 직접적으로 드는 비용이 더 많은 것이다. 공헌이익의 적자 금액은 모두 합쳐 3억 엔이나 되었다. 이 적자 점포들을 철수하면 그림사의 이익은 3억 엔 증가할 것이다. 또한 필요한 운전자금이 감소하고 점포를 빌렸을 때 투입된 보증금도 돌아올 것이다. 이 자금을 유이자부채 상환에 쓰면 된다. 그렇게 하면 수익을 창출하지 않는 자산은 감소하고 회사 전체의 이익이 증가하여 ROA가 높아질 것이다. 그리고 유이자부채가 감소하므로 재무건정성 역시 향상된다.

히카리와 무라니시는 자신만만하게 보고서를 작성하기 시작했다.

다음날 아침. 무라니시는 흥분해서 거의 잠을 이루지 못했다. 이 안건이 잘되면 뉴컨으로 돌아갈 수 있기 때문이다. 하지만 히카리는 아마노의 승인을 받을 수 있을지 걱정스러웠다. 두 사람은 서로 다른 생각을 하며 아마노의 방으로 들어갔다.

아마노는 소파에 드러누워 신문을 읽고 있었다. 무라니시에게 보고서를 받아들자 웬일로 찬찬히 읽어보았다. 보고서에는 어느 점포를 철수하면 이익이 얼마나 증가하고 차입금이 얼마나 감소하는지 상세하게 적혀 있었다.

"이건 자네가 만들었나?"

아마노가 무라니시에게 물었다.

"아니요, 거의 스가다이라 씨가 만들었습니다."

무라니시는 솔직하게 대답했다. 그러자 아마노는 보고서를 테이블에 '탁' 소리가 나게 놓았다.

"학생이 생각할 법한 진부한 내용이야. 이 정도로는 그림사에 컨설팅 보수를 청구할 수 없어."

"어떤 점이 잘못되었습니까? 가르쳐주시면 바로 수정하겠습니다."

'그렇게 자신 있게 만들었는데…….'

무라니시의 어깨가 축 처졌다.

하지만 아마노는 어떤 점이 틀렸는지도 왜 그림사에 보수를 청구할 수 없는지도 말해주지 않았다.

"오늘 프레젠테이션을 하는 날입니다. 사장님도 알고 계시죠?"

웬일로 무라니시가 아마노를 압박했다.

"알고 있어. 그러니까 중대 사태라는 거야. 자네도 스가다이라 씨도 컨설턴트에는 소질이 없군. 오늘은 나 혼자 회장님을 뵙고 사태를 수습하도록 하지."

그렇게 내뱉고 아마노는 보고서를 책상 서랍에 집어넣었다.

"아참, 깜빡했군. 미나미다 씨가 그만뒀다지? 말해두지만 그 사람은 자네들의 선배야. 만약 자네들의 언행 때문에 그 사람이 사표를 낸 거라면 큰 문제로군. 이제 자리로 돌아가."

두 사람이 방에서 나가자 아마노는 문을 소리 나게 닫았다. 그러고는 수화기를 들고 번호를 눌렀다.

"타이거컨설팅의 아마노입니다. 이제야 보고서를 완성했습니다. 만족하실 만한 제안서라고 확신합니다. 그러면 오늘 예정대로 약속 시간에 찾아뵙겠습니다."

무라니시의 분노

그로부터 이틀 뒤, 인사담당인 미나가와가 시니어룸에 찾아와 무라니시에게 말을 걸었다.

"그림사 일 잘됐다며?"

"그게 정말입니까?"

"몰랐어? 그림사 회장과 사장이 아마노 씨를 만나러 와서는 예를 갖춰 인사하고 갔어."

"설마!"

아무 말도 듣지 못한 무라니시는 황당해서 어찌할 바를 몰랐다. 그림사의 안건이 잘되면 뉴컨으로 돌아갈 수 있는 것이었다. 하지만 그때 아마노는 히카리와 함께 만든 보고서를 좋게 평가하기는커녕 진부한 내용이라고 폄훼했다. 당한 것이다.

무라니시는 예약도 하지 않고 아마노의 방에 쳐들어갔다. 지금 잠자코 있으면 뉴컨으로 돌아갈 기회를 눈 뜨고 놓치게 된다.

아마노는 읽고 있던 스포츠 신문을 황급히 접었다.

"무슨 용건인가?"

"제가 뉴컨으로 돌아가는 일 말입니다."

"내가 그런 약속을 했던가?"

"그림사 안건이 잘되면 뉴컨으로 돌아가게 해주겠다고 말씀하시지 않았습니까?"

"아, 그래. 자네의 열의를 북돋아주기 위해 한 말이었지."

"저는 뉴컨으로 돌아갈 수 있습니까?"

"그건 안 되겠네. 그런 컨설팅 내용으로는 컨설턴트라고 할 수 없어. 뉴컨의 마에하라 사장님을 볼 낯이 없지."

"하지만 그림사의 일은 잘 해결되었다고 들었습니다. 그림사의 회장과 사장이 오셨다고요."

"그건 나한테 감사 인사를 하려고 오신 거였어. 자네와 스가다이라 씨가 만든 보고서는 분쇄기에 넣었다네."

무라니시의 가슴속에서 분노가 치밀어 올랐다. 아마노가 자신의 공을 가로챈 것이다.

"그만두겠……."

이렇게 말했을 때였다. 히카리가 숨을 헐떡거리며 아마노의 방에 뛰어들어왔다.

"아까 미나미다 씨가 회사에 오셔서 이 편지를 무라니시 씨에게 전해달라고……."

그림사의 로고가 들어간 편지였다. 거기에는 이렇게 쓰여 있었다.

"원래는 제가 할 일이었는데 열심히 해주셔서 정말 감사드립니다. 제 마음대로 한 제안이지만 사장님께 두 분의 조언을 받으며 그림사를 회생시키길 바란다고 말씀드렸습니다."

편지를 다 읽은 무라니시의 얼굴에 미소가 돌아왔다.

드러커가 관찰했던 세계 최첨단 관리회계

1. 재무상태표의 의미

《회계학 콘서트 1: 왜 팔아도 남는 게 없을까?》에서 재무상태표는 현금제조기를 말한다고 설명했다. 그리고 이 현금제조기를 효율적으로 가동시키는 것이 경영자가 할 일이라고도 했다. 보다 자세한 내용은 제2장 '현금제조기의 효율을 높이자'를 참조하자.

2. 재무상태표의 오른쪽과 왼쪽

재무상태표의 오른쪽은 타인자본인 매입채무와 유이자부채, 자기자본으로 구성되어 있으며 각각 자본 비용이 투입되어 있다. 매입채무에는 거래를 할 때부터 결재할 때까지의 금리가 가산되어 있고 유이자부채는 은행 등의 채권자에게 지불하는 금리가 가산된 것이다. 그리고 자기자본에는 투자자가 기대하는 배당률과 주가 상승률에 상당하는 비용이 가산된다고 생각하면 된다.

자금운용 상황을 나타내는 것이 재무상태표의 왼쪽이다. 회사는 투자자에게서 조달한 자금을 사업 활동에 필요한 재고자산, 매출채권, 설비나 건물 등의 유형자산, 특허권이나 상표권 등의 무형자산으로 형태를 바꿔 운용한다. 이렇게 사업에 운용되는 자금은 인재, 기술, 조직과 연계되어 이익과 현금을 창출한다.

각각의 자산 수익률은 어느 자산에 자금이 운용되고 있는지에 따라 다르다. 현금이나 예금은 거의 수익률이 없고 매출채권과 재고자산도 수익률이 높지 않다. 그러나 유형자산, 무형자산이라는 비유동자산은 높은 수익률을 기대할 수 있다.

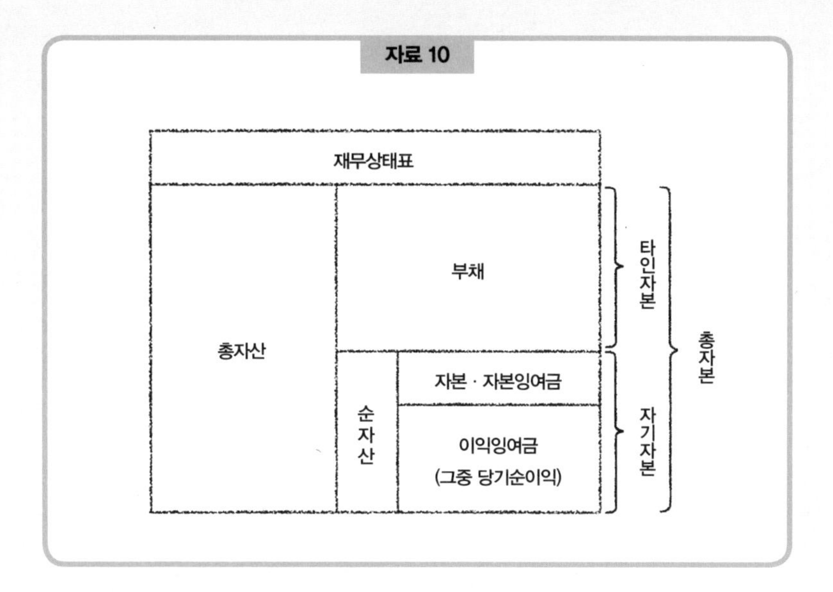

3. ROA와 ROE

(1) 총자산순이익률 Return on assets, ROA

[총자산순이익률 = 경상이익 ÷ 총자산]

(한국에서는 경상이익 대신 당기순이익을 대입한다 – 옮긴이)

ROA는 재무상태표의 왼쪽, 즉 자산이 얼마나 이익을 창출했는지 측정하는 지표로 이 수치를 통해 경영자의 수완을 판단할 수 있다. 다시 말해 여러 사업부나 자회사를 보유한 회사의 경우 혹은 사업부장이나 사장의 실적을 평가하는 경우에 효과적인 지표다.

(2) 자기자본이익률 Return on equity, ROE

또 하나 중요한 경영 지표로 ROE가 있다. 이것은 주주의 시점에서 투자를 판단할 때 이용하는 지표다.

[자기자본이익률 = 당기순이익 ÷ 자기자본]

ROE는 당기순이익을 자기자본으로 나눈 값으로 주주의 지분인 자기자본 즉, 순자산(주주의 납입자본과 이익잉여금)에 대해 얼마나 순이익을 창출했는지 나타내는 지표다. 출자자인 주주 입장에서 보면 ROE가 높은 회사일수록 투자할 가치가 높다. 여기서 주의해야 할 점은 ROE는 주주의 입장에서 본 지표로 경영자의 입장과 같지 않을 수도 있다는 점이다.

ROE는 다음과 같은 식으로 나타낼 수 있다.

[ROE = ROA × 재무레버리지]

이 식에서 ROE를 높이려면 ROA를 높이는 동시에 차입금을 증가시켜야 한다는 것을 알 수 있다. 즉 좀 더 많이 차입하여 좀 더 많이 이익을 내는 회사가 주주에게 높이 평가받는다는 뜻이다. 하지만 그림사처럼 ROE만 추구하는 경영은 경영자로서 본말이 전도된 경우다. 정말 중요한 것은 조달한 자금을 지혜롭게 운용하여 이익을 내는 일이다.

4. 점포별 공헌이익

히카리는 전편 《회계의 신: 비용절감 vs 가격인상》에서 패밀리레스토랑을 재건하는 일에 도전했다. 그때 점포별 공헌이익을 활용했다(제2장). 그 내용을 참조하자.

5. 드러커적 관점

전통적 관리회계론은 총자산순이익률에서 출발했다고 할 정도로 ROA는 중요한 개념이다. 드러커는 관리회계학자보다 훨씬 먼저 ROA를 접했다. ROA와 예산시스템을 완성한 사람은 GM의 도널드슨 브라운Donaldson Brown이다. 그에 관해 로버트 S. 캐플란은 저서 《관련성의 상실(Relevance Lost: The Rise and Fallof Management Accounting, H. Thomas Johnson, Robert S. Kaplan 공저, 1929년)》에서 이렇게 말했다.

"듀폰의 투자이익률 공식(듀폰시스템이라고도 하며 총자산순이익률과 동의어)은 필자가 아는 한 도널드슨 브라운이 창안했다. (중략) 브라운의 생각은 듀폰의 조직 그리고 그 뒤 GM 에 큰 영향을 미쳤다. 그러나 그의 생각이 회계전문가들 사이에 널리 알려진 것은 1950년대에 이르러서였다."

1920년대 초반, GM은 창업자인 윌리엄 듀런트가 업무 단위를 통제하지 못하게 되면서 재고관리 위기에 빠졌다. 그 뒤 듀런트가 CEO에서 물러나고 후임으로 온 알프레드 슬론이 도널드슨 브라운과 함께 지나치게 복잡해진 GM을 매일 감시하는 작업을 하지 않고도 관리할 수 있는 관리회계시스템(ROA 등)을 도입함으로써 세계 1위의 자동차 제조사로 만들었다.

"도널드슨 브라운는 여러 해 동안 GM 아이디어의 핵심적 창고 역할을 해왔다. 예를 들면 GM을 통합할 수 있는 재무 및 통계관리, 해외시장 확대를 위한 정책, 급료 및 보너스 정책, 관리자가 될 만한 인력을 골라 양성시키기 위한 간단하지만 매우 효과적인 방법 등을 고안해냈다. 그것들은 어떤 책이나 이론에서 찾아볼 수 없을 뿐만 아니라 당시 어떤 기업이나 관공서에서도 그 유래를 찾아볼 수 없던 '최초'의 시도였다. (중략) 도널드슨 브라운은 자신이 말하고자 하는 내용을 그들에게 전달하기 위해 전적으로 슬론에게 의지할 수밖에 없었다."
_《피터 드러커 자서전(한국경제신문사, 2005)》

그로부터 20년이 지난 1943년, 도널드슨 브라운의 대리로 GM의 홍보부장인 폴 개럿 Paul Garrette이 드러커를 찾아가 GM의 경영방침과 구조를 제3자의 관점에서 조사해달라고 의뢰했다. 2년간에 걸친 작업의 성과는 드러커의 저서 《기업의 개념(21세기북스, 2012)》에 담겨져 세계적인 베스트셀러가 되었다. 위의 내용에서도 알 수 있듯이 드러커는 세계 최첨단의 관리회계를 찬찬히 관찰해왔다.

제5장

숫자 마법사의 트릭을 폭로하라

June

숫자 마법사로 불렸던 남자

타이거컨설팅의 회의실.

"일본의 반도체업계에서 다시 한번 리더가 되기 위해 반드시 파코재팬을 산하에 두고 싶습니다."

선보톰사의 신보 다케시 사장은 아마노에게 자신의 생각을 말했다. 선보톰사는 반도체 제조장치를 만드는 회사다. 하지만 최근 몇 년 동안 신상품을 개발하는 것이 늦어져 매년 시장점유율이 감소하고 있다. 그 결과 연속으로 적자를 냈는데 주주에게 그 책임을 추궁당해 더 이상 뒤로 물러날 수 없는 상태가 되었다.

그런 상황에서 신보 다케시 사장은 거래처 사장에게 파코재팬이라는 회사의 이야기를 들었다. 파코재팬은 스마트폰용 반도체 제조설비를 만드는 독자적인 기술을 보유하고 있는데, 3년 전까지만 해도 적자를 면치 못했지만 새로운 경리부장이 들어오자마자 흑자 회사로 변모했다고 했다. 그 뒤로도 2기 연속 흑자 결산을 달성했고 3기에도 흑자를 낼 것으로 예상된다는 이야기였다.

"물론 나는 파코재팬의 기술을 원합니다. 하지만 정말로 원하는 것은 경리부장인 우매자와라는 사람입니다. '숫자 마법사'라는 평판이 따라다니는 남자죠. 사장이 기대하는 바대로 결산 처리를 잘하는 모양입니다. 파코재팬을 산하에 두어 그 사람이 우리 회사로 적을 옮기도록 할 생각입니다."

아마노는 신보 사장의 이야기를 들으면서 우매자와라는 남자가 수상쩍게 느껴졌다. 아무리 수완 좋은 경리부장이라고 해도 들어오자마자 그해에 적자였던 회사가 흑자가 되다니 너무 영화 같은 이야기 아닌가. 더구나 그 사람은 스스로를 숫자의 마법사라고 여기저기 떠들고 다닌다고 했다.

'어떤 사람인지 모르겠지만 내가 이 회사의 실체를 전부 파악해서 정체를 밝혀주마!'

아마노는 왠지 모르게 우매자와라는 남자에게 뜨거운 경쟁심이 솟아나는 것을 느꼈다. 즉시 미나가와 인사부장에게 전화를 걸었다.

"스가다이라 씨에게 파코재팬의 듀 딜리전스를 하라고 하게."

"스가다이라 씨는 아직 연수생에 불과합니다."

하지만 아마노는 미나가와의 말에 귀를 기울이지 않았다.

"내가 결정했어."

"죄송하지만 타이거가 아무것도 모르는 신입을 시켜 높은 보수를 청구한다는 나쁜 소문이라도 난다면 회사에 타격이 클 겁니다."

"그런 건 잘 알고 있어. 스가다이라가 초보니까 시키는 거야."

경험도 없는 연수생이 무엇을 할 수 있단 말인가. 지금까지 어찌어찌 버텨온 것도 전부 무라니시와 함께 일했기 때문이 아닌가. 미나가와는 불만스러워했지만 아마노에게는 혼자만의 생각이 있었다. 우매자와와 함께 히카리, 즉 뉴컨에서 온 잘난 척하는 수재를 깜짝 놀라게 하려는 것이었다. 그렇게 해서 자신이 얼마나 대단한 존재인지 보여주겠다는 계획이었다.

분식결산 청부업자

그런 아마노의 속셈을 꿈에도 모르는 히카리는 처음 맡은 큰일에 엄청나게 긴장했다. 히카리는 아즈미의 가르침에 따라 '외관'부터 조사하기 시작했다. 먼저 반도체업계를 조사하고 반도체의 구조, 제조설비와 부품 구조를 공부했다. 그런 다음 재무제표를 열심히 분석해 조금이라도 마음에 걸리는 부분은 노트에 빠짐없이 적었다.

자료를 분석한 결과 다음과 같은 사항이 드러났다.

첫째, 외상매출금이 많고 대금 회수기간이 길다. 평균 14개월이며 2년이 넘는 거래처도 있다.

둘째, 재고금액이 많다. 특히 재공품재고[13]가 눈에 띄게 많으며 금액이 매년 증가하고 있다.

자료 11

파코재팬의 재무상태표

(단위: 억 엔)

현금 및 예금	3	외상매입금	20
재료	2	미지급금	15
재공품	30	미지급금	40
외상매출금	35	자본	15
비유동자산	20		
자산합계	90	부채합계	90

연 매출액 30억 엔

셋째, 은행차입금이 많다.

이 세 가지 경향은 3년 전, 경리부장이 우매자와로 바뀌고 나서 현저히 낮아졌다. 그리고 파코재팬은 그해를 경계로 흑자로 전환됐다.

흑자가 실적 개선에 따른 결과인지 아니면 회계 처리로 이루어진 것인지 확실하게는 알 수 없었다. 그래서 히카리는 가설을 세우기로 했다.

매출이 증가하면 외상매출금도 증가한다. 하지만 외상매출금 회전일수는 변하지 않는다. 파코재팬의 경우, 매년 회전일수가 길어지고 있는 점을 보면 불량 외상매출금, 또는 허위 외상매출금이 포함되어 있을지도 모른다. 외상매출금과 마찬가지로 매출이 증가해도 재공품 회전일수는 급격하게 변하지 않는 법이다.

그런데 재공품의 회전일수가 길어지고 있다. 제조공정이 복잡한 제품이 늘어나 완성하는 데 걸리는 기간이 늘어난 것일까? 아니면 불량재고가 섞여 있을지도 모른다. 허위 재고도 염두에 두어야 할 것이다.

차입금이 증가한 것은 재고가 지나치게 많아져 운전자금이 부족해졌기 때문이다. 손익계산서는 흑자인데 운전자금이 돌아가지 않는다는 것은 전형적인 분식회계가 아닌가. 이 새로운 경리부장의 정체는 혹시 분식결산 청부업자가 아닐까?

돌변하는 남자

파코재팬을 인터뷰하는 첫날.

히카리가 회사에 도착하자 접수대에 있는 무뚝뚝한 여직원이 느릿느릿 임원 회의실로 히카리를 안내했다. 잠시 뒤 중년 남성이 들어와 꾸벅 인사를 하면서 명함을 내밀었다.

"경리부장인 우매자와입니다."

우매자와가 예상과 달리 공손한 태도를 보여서 히카리는 내심 마음을 놓았다.

"스가다이라 히카리입니다."

우매자와는 히카리가 내민 명함을 두 손으로 받아 테이블에 놓았다.

"젊은 분인데 컨설턴트시군요. 제 딸은 패션을 공부한다는 핑계로 프랑스에서 놀고 있는데 말이죠."

"그렇습니까? 부럽네요."

아차, 히카리는 자기도 모르게 본심이 나왔다.

"오늘 찾아오신 목적에 대해 다시 한번 여쭤봐도 되겠습니까?"

우매자와는 그렇게 말하며 귀를 기울였다. 히카리는 기이한 느낌이 들었다. 듀 딜리전스 때문에 왔다는 것은 이미 알고 있을 텐데 굳이 다시 말해달라니…….

'나를 시험하는 걸까?'

히카리는 신중하게 말을 골랐다.

"귀사의 재무 내용을 조사하기 위해 왔습니다."

"저희 회사의 재무제표는 공인회계사의 감사를 받고 있습니다. 그래도 조사하시겠습니까?"

여전히 온건한 태도다.

"이번 조사의 목적은 듀 딜리전스입니다. 투자할 만한 기업 가치가 있는지 리스크는 어느 정도인지 조사하는 작업이라 회계감사와는 목적이 다르지요."

"그렇군요. 선보톰사는 우리 회사가 혹여나 투자할 가치가 없을지도 모른다고 의심하고 있나보군요?"

갑자기 빈정거리는 어조로 바뀌었다.

"그런 건 아닙니다."

"그렇다면 듀 딜리전스 같은 일은 의미가 없지 않습니까?"

우매자와의 본심이 드러났다.

"죄송합니다. 저는 상사의 지시에 따라 일할 뿐입니다."

그러자 우매자와가 다시 부드러운 어조로 말했다.

"그것도 그렇겠군요. 아랫사람인 스가다이라 씨에게 할 말은 아니었습니다. 기분 나쁘셨다면 사과드립니다."

'기분 나쁘셨다면? 나 참…….'

히카리가 아주 싫어하는 말이었다.

"뭐든지 물어보시지요. 제가 아는 일은 전부 말씀드리겠습니다."

히카리는 계속하여 태도가 변하는 우매자와를 경계하며 준비해간 질문들을 하기 시작했다.

허위 매출

"외상매출금의 회전월수가 14개월로 긴 편인데 특별한 이유가 있는지요?"

히카리가 물었다.

회전월수는 외상매출금을 1개월분의 매출금액으로 나눈 수치다. 통상적으로 이번 달 매출대금은 다음 달이나 늦어도 다다음달에는 회수된다. 하지만 파코재팬은 매출대금이 회수되기까지 14개월이나 걸렸다. 회수가 늦어지면 그만큼 운전자금이 묶여버린다.

'수상해.'

매출대금 회수에 왜 이렇게 시간이 걸리는 것일까. 히카리는 단 하나의 이유밖에 떠오르지 않았다. 허위 매출이다. 실체가 없는 매출이니 대금이 회수될 리 없다.

'일단 말을 신중하게 골라서…….'

"자금운용에 문제가 있는 거래처는 없나요?"

히카리로서는 신중하게 탐색하는 질문이었다. 하지만 우매자와는 예민하게 반응했다.

"무슨 말씀을 그렇게 하십니까? 스가다이라 씨는 저희 회사의 결산처리를 의심하고 계시는군요."

"절차상 필요해서요."

"그렇습니까? 회계사들은 아무 질문도 하지 않았거든요. 이렇게 말하면 실례겠지만 스가다이라 씨는 반도체업계에 대해 아무것도 모르는 것 같군요. 뭐, 상관없습니다. 자료는 나중에 드리지요."

우매자와는 태연하고도 당당하게 대답했다. 그런 우매자와 앞에서 히카리의 자신감이 흔들렸다. 아무래도 지금은 화제를 바꾸는 편이 좋을 것 같았다.

우매자와의 반격

"재공품재고 말인데요, 매년 증가하고 있습니다. 뭔가 특별한 사정이 있나요?"

"아하, 알겠습니다. 스가다이라 씨는 저희 회사가 허위 재고로 이익을 부풀리고 있다고 의심하고 있군요. 제 말이 맞죠?"

"글쎄요, 꼭 그런 건 아닙니다……."

히카리는 그렇게 변명했지만 사실은 그 말이 정답이었다. 재고를 부풀리면 그만큼 당기 비용(매출원가)이 줄어들기 때문에 수치상으로는 이익이 증가한다. 즉, 우매자와는 매출과 재공품을 부풀림으로써 우량 기업인 척하는 것이 틀림없다. 원래 적자인 회사였으니 나가는 현금이 많아서 자금운용이 빠듯할 것이다. 그러면 차입금이 많은 것도 앞뒤가 맞는다.

히카리 생각으로는 분식회계를 하는 게 분명했다. 그렇지만 자신이 못보고 지나친 것이 있을지도 모른다고 생각했다.

'분식의 증거를 잡아야 해.'

"외상매출금과 재공품에 관한 증빙서류를 보여주실 수 있을까요?"

히카리는 초조한 마음을 간신히 억눌렀다. 그러자 우매자와는 "그 두 가지에 관한 것만 보여드리면 된다는 거죠?" 하고 불쾌하다는 투로 쐐기를 박고 자리를 떴다.

잠시 뒤, 우매자와가 두툼한 파일을 들고 돌아왔다.

"그럼 외상매출금부터 시작하죠. 그 전에 스가다이라 씨가 모르는 반도체업계의 회계 처리에 대해 설명하겠습니다. 아마노 사장님께서 스가다이라 씨가 명문 도쿄경영대학을 졸업한 수재라고 말씀하셔서 저는 또 이미 알고 계신 줄 알았지 뭡니까."

우매자와는 이렇게 서두를 늘어놓은 다음 설명을 시작했다.

파코재팬은 반도체 제조사에게 주문을 받아 만든 제조장치를 제조사에 인도한 시점에 매출액을 계상한다. 그렇지만 구매하는 측은 반도체 제조설비가 기대한 만큼의 성능이 나오는 것을 확인했을 때 그 설비를 검수[14]한다. 계약을 할 때 정해놓은 불량률을 달성하지 못하면 반도체 제조사는 검수를 하지 않는다. 따라서 대금도 지급하지 않는다. 게다가 반도체 제조장치 자체는 여러 기업으로부터 구입한 부품들을 조합한 것이므로 검수를 마칠 때까지 1년 이상 걸리는 일도 드물지 않다. 당연히 외상매입금이 쌓이게 된다(자료 11).

"저희 회사는 제품을 납품했을 때 매출을 계상합니다. 하지만 고객은 그로부터 1년 이상 지나서 그 제품을 매입했다고 처리하죠. 외상매입금의 회전기간이 긴 것은 당연한 일입니다."

우매자와는 히죽 웃었다.

히카리는 얼굴에서 불이 날 만큼 화끈거렸다. 반도체업계의 실상을 모르고 분식을 했다고 착각한 것이다.

"이게 거래처와의 계약서, 그리고 이게 수주를 받고 대금을 회수하기까지의 과정을 정리한 과거 실적입니다. 이제 아시겠습니까?"

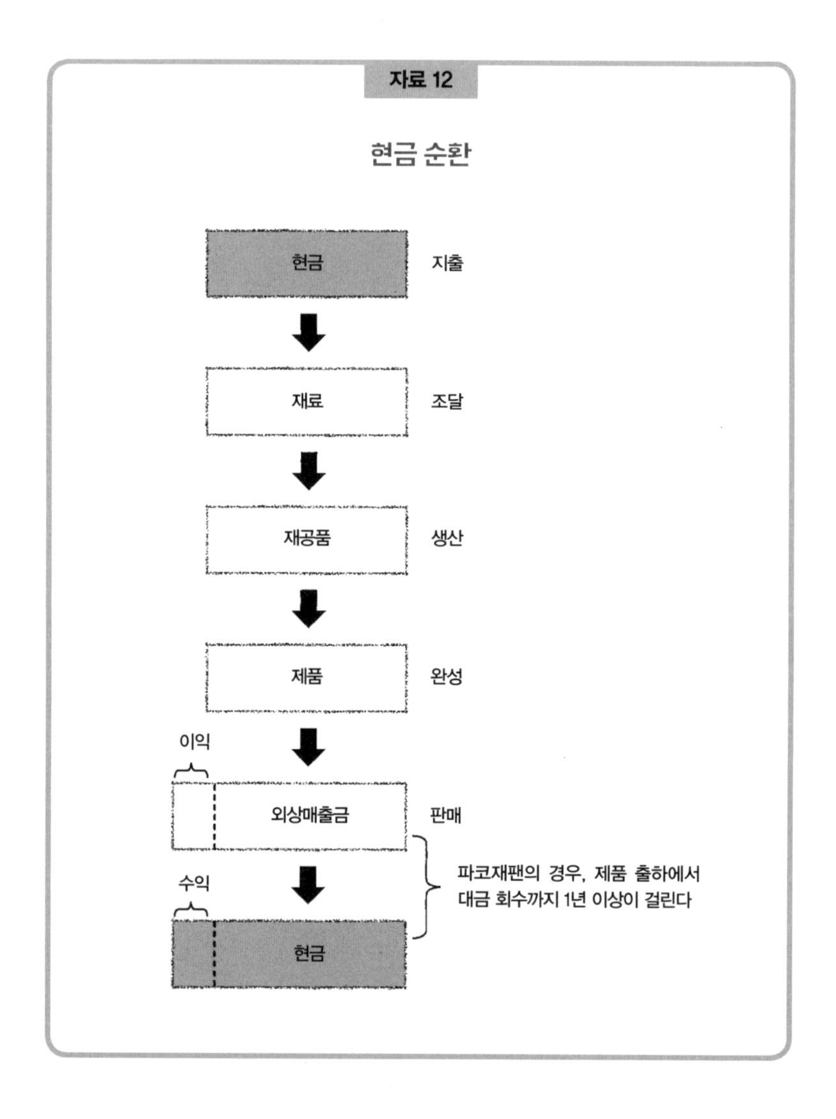

우매자와는 승리를 과시하듯이 가슴을 폈다.

히카리는 머릿속이 하얗게 되었다. '외관'을 관찰하는 방법이 잘못 되었던 것이다.

우매자와는 기세를 몰아 이렇게 말했다.

"또 하나는 재공품이었지요?"

그는 다른 표를 보여주었다. 그것은 반도체 제조장치를 만들기 위해 부품 제조사와 맺은 계약서와 각 제품의 원가계산표 사본이 첨부된 서류였다.

"재공품(제조 중인 제품)의 계약서와 원가데이터입니다. 스가다이라 씨는 아마 허위 거래가 포함되어 있다고 생각하시겠죠. 여기 자료를 놓고 갈 테니 실컷 조사해보시죠."

우매자와는 그렇게 말하고 회의실에서 나갔다.

상처받은 자존심

오모테산도 역을 나와 5분 정도 걸으니 그 레스토랑이 있었다. 이 부근에는 고급스럽고 감각적인 가게가 줄지어 있다. 아즈미가 지정한 이탈리아 레스토랑은 다른 가게들과 비교해도 전혀 손색이 없는 세련된 가게였다. 온통 흰 색으로 꾸며진 레스토랑 내부에는 멋쟁이 손님들이 가득했다. 그렇게 많은 사람들 속에서도 히카리는 한 눈에 아즈미를 알아볼 수 있었다. 남자 손님은 아즈미뿐이었기 때문이다.

"여기, 여기!"

아즈미의 쩌렁쩌렁한 목소리가 울려 퍼졌다. 히카리가 의자에 앉자 아즈미는 곧바로 와인 이야기를 시작했다.

"와인을 마시기 시작하면 처음에는 화이트와인을 좋아하게 되지. 그러다가 점차 레드와인의 매력에 눈을 뜨게 되네. 하지만 다시 화이트와인이 좋아지지. 그런 식으로 화이트와 레드 사이에서 왔다 갔다 한다네."

그렇게 말한 뒤 아즈미는 로제와인을 주문했다.

"부르고뉴의 코트 드 뉴이 지역에서는 유일하게 마르샤네라는 곳에서 로제와인이 제조되고 있어. 상큼하고 맛있어서 가벼운 마음으로 마실 수 있지. 싸고 맛있다니까."

아즈미는 와인을 사는 히카리의 주머니 사정을 생각해준 것이다.

하지만 우매자와에게 자존심을 짓밟힌 히카리는 와인 이야기를 할 기분이 아니었다. 기가 죽어서 말이 나오지 않았다.

"이봐, 무슨 일이야?"

"신통하게 분식회계를 발견했다고 생각했는데……."

히카리는 파코재팬의 우매자와가 숫자 마법사라고 불리는 것, 외상매출금과 재공품이 부풀려져 있다고 가설을 세웠던 것, 그리고 그 가설이 모래성처럼 허물어지고 오히려 한 대 맞은 것까지 털어놓았다.

"이거예요."

히카리는 파코재팬의 자료를 아즈미에게 보였다.

"반도체업계의 상관습을 몰랐던 것은 경솔했네. 외상매출금 회전일수는 아주 길진 않은 편이고 거래처가 우량 기업만 있는 점을 고려

하면 허위 매출은 없어 보이는군."

"역시 그렇군요."

히카리는 확인사살을 당한 기분이었다.

하지만 그 뒤 아즈미가 예상 밖의 말을 했다.

"자네는 우매자와라는 경리부장에게 압박을 받았다고 했지. 그리고 기가 죽었어. 우매자와가 노린 바대로 되었군."

"맞아요. 엉뚱한 가설을 세우는 바람에……."

히카리의 어깨가 축 처졌다.

"엉뚱한 가설이라고? 아주 훌륭한 가설이야."

"그게 무슨 말씀이세요?"

히카리는 아즈미의 진의를 알 수가 없었다.

"외상매출금은 정답에서 벗어났지. 하지만 재공품은 정답이야."

히카리는 여우에 홀린 것 같았다.

부쇼네와 재공품

"정말이요? 믿을 수 없어요."

"이 자료를 보면 확실히 알 수 있지."

히카리는 다시 한번 파코재팬의 재무상태표를 봤지만 새로운 점을 발견할 수 없었다.

“전혀 짐작이 가지 않는데요…….”

히카리가 그렇게 말하자 아즈미는 갑자기 와인 병을 들어올렸다.

“이 회사의 재공품은 와인에 비유하자면 부쇼네야.”

“부쇼네 말인가요. 전에 선생님께 들어본 적이 있어요.”

“와인이라는 건 직접 마셔보기 전까진 상태를 알 수 없어. 예전에 파리로 출장을 가서 와인 바겐세일을 하는 곳에 간 적이 있었지. 그런데 거기에 보르도의 최고 등급인 샤토 라피트가 있지 뭔가. 고작 2만 엔이었어. 게다가 2000년산의 그레이트빈티지였지. 병은 투명한 셀로판으로 싸여져 있었고 에티켓에는 한 점의 얼룩도 없었어. 이거야말로 횡재했다고 생각해서 무조건 샀지. 그런데 도쿄에 돌아와 집에서 마개를 땄더니 부쇼네였어. 지독한 냄새가 나더군.”

“그렇게 심했나요?”

“그랬지, 꼭 몇 년 동안 한 번도 열지 않은 방에서 나는 냄새, 짜지 않고 방치한 젖은 걸레 냄새 같다고나 할까. 도저히 마실 수 없어서 버릴 수밖에 없었네.”

히카리는 부쇼네와 재공품이 어떤 관계인지 이해할 수 없었다.

원가 조작

"파코재팬의 재공품과 그게 무슨 관계가 있나요?"

"물론 있지. 파코재팬은 최근 2, 3년 수익과 이익을 늘렸고 그와 더불어 영업이익과 ROE도 늘어났어. 겉으로 보기엔 의심할 여지가 없는 우량 기업이지. 하지만 재공품에는 이미 판매된 제품의 원가가 포함되어 있어."

"그게 무슨 말인가요?"

히카리는 몸을 앞으로 내밀었다.

"예를 들어볼까. A제품의 계약금액이 1억 엔이라고 가정하지. A제품이 완성되어 고객에게 인도되었어. 하지만 그 원가가 실은 1억 5천만 엔이었네. 이 제품은 5천만 엔 적자인 거야. 이럴 경우 어떻게 할까? 그 제품의 원가 중 8천만 엔을 제조 중인 다른 B재공품에 배분하지. 그렇게 하면 A제품의 원가가 7천만 엔이 되니까 3천만 엔 이익이 나거든(자료 13)."

"하지만 그 B재공품이 완성되어서 제품으로 인도되면 그때는 엄청난 적자가 날 텐데요?"

히카리는 고개를 갸웃했다.

"그때는 또 다른 C재공품에 원가를 갖다 붙이는 거야. 그런 식으로 계속 원가를 계상하는 것을 뒤로 미루는 수법이지. 이게 '숫자 마법사'의 정체야. 그런 의미에서 이 회사의 재공품은 전부 부쇼네야."

아즈미는 딱 자르고는 이어서 이렇게 말했다.

"원가계산표를 샅샅이 읽어보게. 경리부장은 싫어하겠지만 말이야."

분식의 실태

"이야, 살았습니다. 그 회사는 3년 전부터 계속 적자였군요."

의뢰인인 선보톰사의 사장 신보는 꾸벅 고개 숙여 인사했다. 결국 우매자와가 꾸민 회사의 트릭을 간파한 것은 히카리였다. 하지만 아마노는 그 점에 대해서는 한마디도 하지 않고 의뢰인 앞에서 자랑스럽게 설명하기 시작했다.

"간단한 회계 조작이었습니다. 수주품이 적자가 될 것 같으면 그 제품의 제조원가를 다른 재공품에 얹어놓은 것이었습니다. 그리고 그 재공품이 완성될 무렵에는 다시 다른 재공품에 원가를 얹어놓습니다. 그런 식으로 재무상태표의 재공품이 부풀려져 있던 것입니다."

아마노는 히카리의 보고서를 힐끔힐끔 보며 자신만만하게 말했다.

"그밖에도 다양한 수법을 쓰고 있었습니다. 어떤 수법인가 하면, 자사에서 제조한 설비장치의 원가에 생산관리부 등 간접부문의 인건비나 경비를 포함시켰더군요."

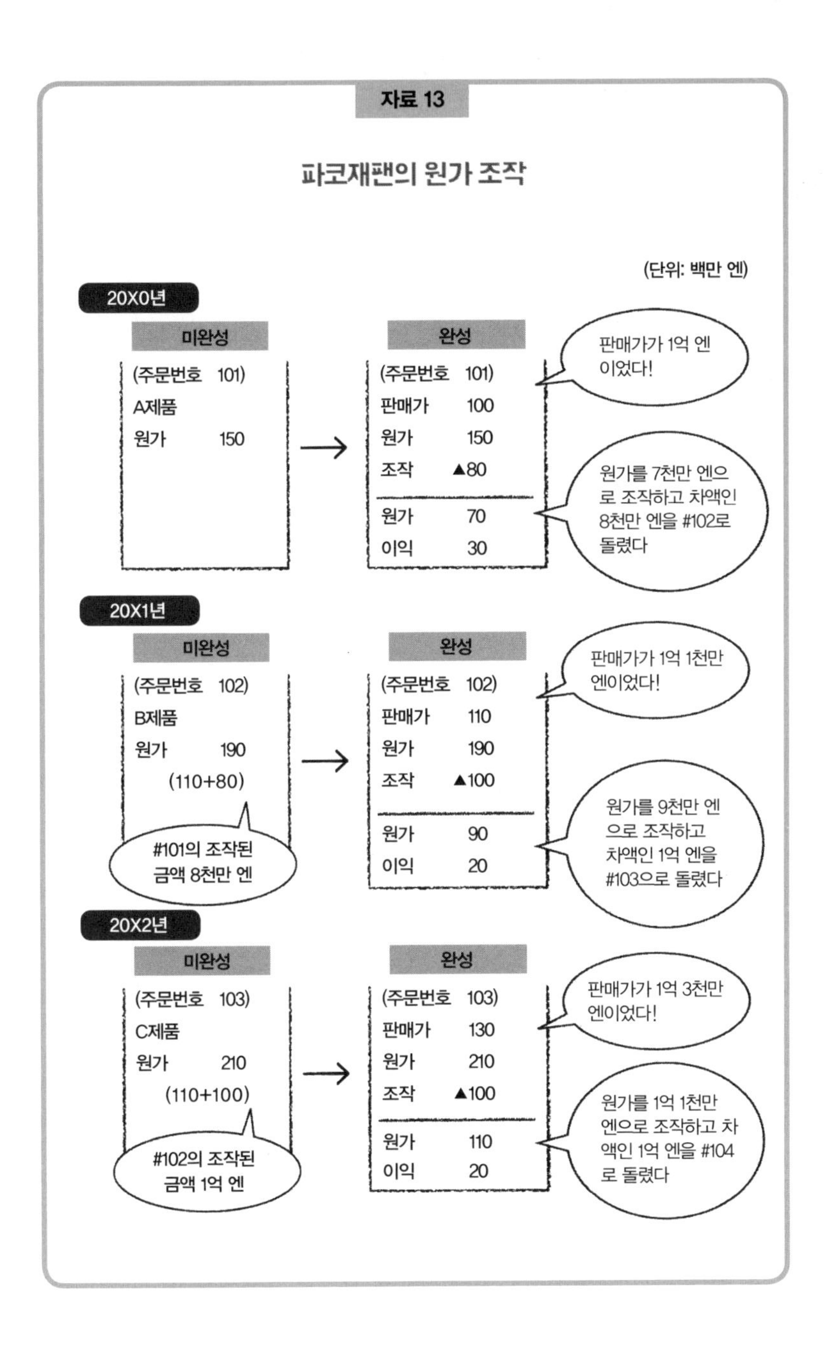
자료 13
파코재팬의 원가 조작
(단위: 백만 엔)
20X0년
미완성
(주문번호 101)
A제품
원가 150
완성
(주문번호 101)
판매가 100
원가 150
조작 ▲80
원가 70
이익 30
판매가가 1억 엔 이었다!
원가를 7천만 엔으로 조작하고 차액인 8천만 엔을 #102로 돌렸다
20X1년
미완성
(주문번호 102)
B제품
원가 190
(110+80)
#101의 조작된 금액 8천만 엔
완성
(주문번호 102)
판매가 110
원가 190
조작 ▲100
원가 90
이익 20
판매가가 1억 1천만 엔이었다!
원가를 9천만 엔으로 조작하고 차액인 1억 엔을 #103으로 돌렸다
20X2년
미완성
(주문번호 103)
C제품
원가 210
(110+100)
#102의 조작된 금액 1억 엔
완성
(주문번호 103)
판매가 130
원가 210
조작 ▲100
원가 110
이익 20
판매가가 1억 3천만 엔이었다!
원가를 1억 1천만 엔으로 조작하고 차액인 1억 엔을 #104로 돌렸다

즉, 재무상태표의 자산이 부풀려지는 만큼 회계상의 이익은 증가했다.

아마노는 그렇게 말하며 다시 한번 어깨를 폈다. 그러자 신보가 미소 지으며 입을 열었다.

“우매자와라는 사람은 겉만 번드르르한 악인이었군요. 이게 다 스가다이라 씨가 열심히해준 덕분입니다. 파코재팬의 사장도 감사하다는 말을 전해달라고 했습니다. 회사의 분식회계를 밝혀주었다고요.”

“스가다이라 말인가요? 그저 연수생 신분의 일반사원입니다. 이번 일은 전부 제 지시에 따라 움직였을 뿐입니다.”

아마노는 한껏 만들어낸 미소를 지었다.

손익계산서는 회계학과 2학년생도 분식할 수 있다

1. 분식 수법

《회계학 콘서트 1: 왜 팔아도 남는 게 없을까?》의 제7장 '성형미인을 조심하자'를 참조하자.

2. 매출 계상과 입금까지 시간이 오래 걸리는 상관습을 역이용한 분식회계 사례

반도체 장비업체 에프오아이(FOI)의 사례를 살펴보자. 유가증권보고서에는 친절하게도 '최초 장비는 매출을 계상하고 외상매출금을 회수하기까지 대략 1년 6개월~2년 6개월, 리피트 장비는 출하 후 60일 정도면 70~80퍼센트의 외상매출금 회수가 가능'하다고 쓰여 있었다.

이 회사는 상장하기 6년 전인 2004년 3월기(일본의 결산 일은 대개 3월 31일이다 – 옮긴이)부터 전표상으로만 존재하는 매매를 하기 시작했다. 2009년 3월기의 매출액은 118억 5천만 엔이었지만 그중 무려 110억 엔이 허위로 부풀려진 것이었다. 회사는 발주서와 검수서 등의 전표, 반도체 제조장치의 출하증명서나 납세증명서를 위조했다. 현금 회수가 늦다는 업계의 특성을 악용한 것이다.

또한 거래처를 모두 해외기업으로 설정했다. 해외에 개설한 장부외계좌에서 실재하는 해외 반도체 제조업체의 명의로 자사의 계좌에 돈을 송금해 매출대금을 회수한 듯이 보이게끔 했다. 이 회사가 2009년 신규 상장한 지 7개월 만에 상장 폐지된 것은 당연한 결말이었다.

3. 드러커적 관점

손익계산서를 그대로 믿는 것이 얼마나 위험한지에 대해 드러커는 다음과 같이 경고했다.

"회계시스템의 어떤 부분을 믿을 수 있고 어떤 부분을 믿을 수 없는지는 명백하다. 우리가 절대로 마음 놓고 걸어가면 안 되는 얇은 빙판 위에 있다는 것은 분명하다. 최근 현금흐름을 중시하게 된 것도 손익계산서는 회계학과 2학년생도 분식할 수 있기 때문이다."

_《21세기 지식경영(한국경제신문, 2002)》

제6장

샤브리와 샤르도네는 다른 와인일까?

July

후배의 권유

"마쓰무라 씨입니까? 제가 누군지 기억나십니까? 후배 쓰지토메입니다."

마쓰무라 가즈오가 40년 가까이 일한 회사를 퇴직한 지 얼마 되지 않았을 때였다. 직장 후배인 쓰지토메에게 전화가 걸려왔다.

"어디 후배시죠?"

"스기마루 철공소입니다."

"아, 쓰지토메로군."

기억을 더듬어서 겨우 성은 생각해냈지만 얼굴은 떠오르지 않았다. 아무튼 그것이 쓰지토메와의 두 번째 만남이었다.

"한번 뵐 수 있을까요? 그때의 감사 인사를 하고 싶어서요."

"감사 인사……?"

"그 회사에서 저와 술을 마신 사람은 선배님이 처음이었습니다. 정말 기뻤습니다."

"그랬었나……. 자네는 스기마루 철공소를 3년쯤 다니다 그만두었었지?"

"기억하시는군요. 감격스러운데요. 맞습니다, 생각할 일이 좀 있어서요. 자세한 이야기는 만나서 하시죠. 다음 주는 어떠십니까? 제가 잘 가는 술집에서 한잔 하시죠."

그렇게 말하며 쓰지토메는 가게 이름과 전화번호를 알려주었다.

가게는 긴자4쵸메 교차점에서 도보로 10분 정도 걸리는 곳의 건물 5층에 있었다. 쓰지토메가 말한 대로 술집은 술집이었지만 실은 고급 룸살롱이었다. 마쓰무라는 이런 가게에서 예쁜 아가씨들에게 둘러싸여 술을 마실 일은 평생 한번도 없을 것이라고 생각했었다. 하지만 있을 수 없다고 생각한 일이 현실에서 일어났다. 마쓰무라는 설레는 마음으로 떡갈나무로 만들어진 육중한 문을 열었다.

실내는 그렇게 넓지 않았지만 손님이 넘쳐났다.장사가 이렇게 잘 되는 이유가 무엇인지 곧바로 알 수 있었다. 절묘한 화술로 능숙하게 고객을 대하는 여주인 준코 때문이었다. 그리고 호스티스들이 하나같이 미인이었다. 더구나 그들은 손님이 무언가 재미있는 이야기를 하도록 유도하고 그 이야기를 한층 더 재미있게 만드는 데 천재였다. 손님들은 가정에서는 절대로 맛볼 수 없는 즐거움에 푹 빠져 현실을 망각하고 있는 듯했다. 마쓰무라는 쓰지토메도 그런 사람들 중 하나일 거라고 생각했다.

"어머, 오랜만에 오셨네요."

준코는 쓰지토메를 보자마자 두 손으로 그의 팔을 반갑게 잡았다.

"아니, 이봐. 지난주에도 왔었잖아. 오늘은 존경하는 마쓰무라 선배님을 모시고 왔어."

그 말을 듣고 마쓰무라는 갑자기 좀 위축이 되었다. 여기에 오는 손님은 겨우 한두 시간 여자들과 이야기하는 대가로 몇 만 엔이나 낼 수 있는 부자들이다. 자신처럼 평범한 월급쟁이와는 인연이 없는 세상이다. 오늘만 해도 옛 후배가 산다고 해서 온 것이니 말이다.

하지만 시간이 지남에 따라 어쩌면 자신이 이솝우화에 나오는 '저 포도는 시어서 맛이 없을 거야'라고 우긴 여우처럼 구는 것일지도 모른다는 생각이 들었다. 기분이 그런대로 괜찮았다. 주머니 사정만 허락한다면 다시 오고 싶다고도 생각했다.

"자네는 이 가게의 단골인가보지? 성공했군."

마쓰무라는 솔직하게 그를 칭찬했다.

"좀 물어봐도 될까? 자네는 왜 나한테 연락을 했지?"

"이미 말씀드렸지 않습니까. 그 회사에 들어간 지 얼마 안 되었을 때 저한테 한잔하러 가자고 해주셔서 정말 기뻤다고요."

그러고 보면 그때의 쓰지토메는 낯을 가리고 소극적인 경향이 있는 신입사원이었다.

"지금은 무슨 일을 하고 있지?"

"와인 관련 사업을 하고 있습니다. 여러 가지 일을 하다가 와인을 접하게 되어 와인 전문가 자격을 취득했습니다."

"그렇군. 와인 가게 같은 것을 운영하나?"

"주로 그랑 뱅Grand Vin(샤토에서 제일 좋은 포도로 만든 와인이라는 뜻으로 주로 보르도 지역에서 사용되는 용어 – 옮긴이)을 취급하고 있습니다."

"위대한 와인이라고?"

마쓰무라는 그 단어에서 풍기는 울림에 흥미를 느꼈다.

"고급 프랑스 와인만 마실 수 있는 가게입니다. 보르도, 부르고뉴, 론, 루아르 등 유명한 산지의 와인은 전부 취급하죠."

"난 와인에 관해서는 문외한이지만 비싸겠군 그래."

이렇게 말하자마자 마쓰무라는 후회했다. 쓰지토메와 자신은 가격을 생각하는 기준이 다를 텐데 이런 말을 해봤자 자신의 초라한 처지만 강조할 뿐이니까.

"로마네콘티나 몬라셰라면 수십만 엔은 하죠. 하지만 5천 엔만 내면 맛있는 와인을 마실 수 있습니다."

역시 묻지 말 걸 그랬다. 마쓰무라에게는 5천 엔도 큰돈이었다.

"자네는 회사에서 일하나 보군."

마쓰무라는 일부러 화제를 바꿨다.

"그랑디상사라는 회사입니다. 와인을 수입하기도 합니다. 지난달에는 부르고뉴의 코트 드 뉴이에 가서 아주 좋은 와인을 들여왔지요."

중견 철공소에서 일한 마쓰무라는 사실 술이라고 하면 무조건 맥주여서 와인 맛에 관한 지식이 없었다.

"토메 씨가 운영하는 와인 레스토랑은 미슐랭 별을 받았죠?"

준코는 쓰지토메를 애칭으로 불렀다.

"그런 이야기도 있었지만 정중하게 거절했어. 손님이 늘면 서비스가 분명히 떨어질 테니까."

그게 정말인지 마쓰무라는 판단할 수 없었다.

"마쓰무라 씨, 세르비아잉크라는 회사를 아시나요?"

준코가 물었다.

"들어본 이름인데……."

"통신판매회사예요. 텔레비전에 잘 나오죠."

"그게…… 실은 제 회사입니다."

쓰지토메는 조심스럽게 말했다.

검은색 옷을 입은 웨이터가 두 손으로 샴페인을 갖고 와 솜씨 좋게 마개를 땄다.

"돔페리뇽 로제입니다."

이렇게 말하며 길쭉한 샴페인 전용 잔에 따랐다.

그 뒤에도 부르고뉴의 코르통과 쥬브레 샹베르땡을 연속으로 전부 마셨다. 취기가 꽤 올랐을 때였다. 쓰지토메는 이런 이야기를 했다.

"선배님은 올해 환갑이셨죠? 실례되는 말이지만 인생을 80년이라고 치면 앞으로 20년밖에 즐길 수 없겠군요. 여행을 가거나 맛있는 음식을 먹거나 손자에게 용돈을 주거나 하며 그렇게 살고 싶으시겠죠. 쓸데없는 오지랖이라고 하실지도 모르지만 각오하고 여쭙겠습니다. 스기마루 철공소에는 기업연금이 없던 것으로 기억합니다만."

"맞아."

"하지만 선배님은 성실한 분이니 노후계획도 문제없이 세워놓으셨겠죠."

"그렇지도 않아."

고급 와인의 기분 좋은 취기 때문인지 마쓰무라는 보통 때라면 절대로 입 밖에 내지 않았을 고민을 털어놓았다.

"65세부터 받게 될 연금은 집사람의 국민연금을 합쳐도 22~23만 엔 정도라네. 저축액은 퇴직금과 모아놓은 예금을 합쳐도 3천만 엔뿐이야. 주택대출금은 없지만 여유 있게 살 정도는 아니지. 자네는 어떤가?"

"저는 노후 걱정은 전혀 하지 않아도 됩니다."

"사업이 잘되는 모양이군."

"그럭저럭입니다만…… 혹시 IPO라고 아십니까?"

"IPO?"

"기업의 주식공개를 말하죠. 지금 제 회사는 IPO를 목표로 삼고 있습니다. 1년 뒤에나 가능한 일이지만요."

"난 잘 모르겠지만 왜 IPO란 걸 목표로 삼은 건가?"

"그야 IPO를 하면 '땅 짚고 헤엄치기'를 할 수 있으니까요. 기업공개를 하면 주가가 적어도 출자액의 10배로 뛸 겁니다. 잘하면 100배로 둔갑할 수도 있습니다."

둔갑한다는 말에 마쓰무라는 동요했다.

"좋겠군, 자네는. 그거야 말로 창업자의 특권이지."

그러자 쓰지토메는 생각지도 못한 말을 했다.

"혹시 선배님에게 여유 자금이 좀 있으면 특별히 출자를 할 수 있게 해드릴까 하는데요. 100만 엔 정도에 불과합니다만."

마쓰무라는 재빨리 머릿속으로 계산기를 두드렸다. 100만 엔이면 최소한 1천만 엔, 잘하면 1억 엔으로 둔갑할 수도 있다.

“100배는 힘들지도 모르지만 20배는 확실합니다. 하지만 너무 기대는 마세요. 100만 엔도 다른 임원들이 거부하면 불가능하거든요.”

“토메 씨, 나한테는 나눠주지 않을 건가요?”

준코가 애교 섞인 투정을 부렸다.

“그야 해주고 싶은 마음은 굴뚝같지만 우리 마누라가 안 된다고 할게 빤해서 말이야.”

이렇게 말하며 쓰지토메는 기분 좋게 웃었다.

한참을 재미있게 떠들고 있는데 종업원이 택시가 도착했다고 알려주었다.

“오늘은 늦은 시간까지 선배님을 붙잡아뒀군요. 이제 그만 일어나실까요?”

준코는 쓰지토메가 일어나기를 기다렸다가 마쓰무라의 팔을 잡고 현관문까지 딱 붙어서 걸어갔다. 마쓰무라가 검은색 택시에 타려고 했을 때였다.

“아참, 주소를 알려주시면 저희 회사의 사업 안내와 재무제표를 보내드리겠습니다. 출자에 관해서는 사모님과 의논하시고 결정하셔도 괜찮습니다. 마음에 내키지 않으면 자료는 버리셔도 됩니다.”

마쓰무라는 쓰지토메의 명함 뒷장에 이름과 집주소를 적어주었다.

쓰지토메의 회사 자료

그로부터 며칠 후, 마쓰무라의 집에 A4 용지 크기의 우편물이 도착했다. 봉투 안에는 그랑디상사의 주식인수계약서와 최근 재무제표, 할당주식수가 쓰여 있는 종이가 들어 있었다. 마쓰무라는 허둥지둥 재무제표를 훑어보았다(자료 14).

매출액 100억 엔, 세후당기순이익이 10억 2천만 엔이다. 차입금은

자료 14

그랑디상사의 연결재무제표

연결손익계산서 (단위: 억 엔)		
매출액	100	100%
매출원가	60	60%
매출총이익	40	40%
※ 판매비와 관리비	20	20%
영업이익	20	20%
지급이자	3	3%
당기순이익	17	17%
법인세 등	6.8	7%
법인세 차감 후 당기순이익	10.2	10%

연결재무상태표 (단위: 억 엔)			
현금 및 예금	10	외상매입금	20
외상매출금	10	은행 차입금	50
재고자산	40	자본금	10
기타자산	20	이익잉여금 외	20
비유동자산	20		
자산 총계	100	부채 및 자본 총계	100

50억 엔으로 많았지만 주식공개를 하면 수십억 엔의 현금이 들어오니 실질적으로는 무차입경영이나 마찬가지다. 마쓰무라는 떨리는 손으로 동봉된 용지를 살펴보았다. 거기에는 200주, 납입금 1천만 엔이라고 쓰여 있었다.

'쓰지토메, 임원들을 열심히 설득해줬군.'

마쓰무라는 꿈같은 자신의 미래를 상상했다. 하지만 금쪽같은 1천만 엔을 주식투자로 돌리려면 아내의 동의가 필요했다. 참 이상하게도 조금이라도 긴장하면 조리 있게 말이 나오지 않는다. 그래서 마쓰무라는 적절한 시기가 오기를 기다렸다.

드디어 저녁 식사 때 그 기회가 찾아왔다. 캔 맥주의 알코올 성분이 마쓰무라를 대담하게 만든 것이다.

"오늘 쓰지토메가 보낸 서류가 도착했는데 말이지. 주식공개를 하니까 의향이 있으면 1천만 엔 정도 투자하지 않겠냐고 하는군. 최소한 10배는 벌 수 있는 주식이야…… 나한테 양도하려고 열심히 임원들을 설득하고 애를 써줬나봐."

"난 그런 식으로 돈 버는 이야기는 싫어요. 그리고 지금 있는 예금은 앞으로의 노후 생활에 쓰기로 약속했잖아요."

아내인 사에코는 전혀 귀를 기울이지 않았다.

"그건 그렇지만……."

"노후를 대비하기 위해 생활양식을 바꿔야 하는 시기에 1천만 엔이나 투자하는 건 위험해요."

"반드시 이익이 난다는 걸 알아도 반대하는 거야?"

마쓰무라의 물음에 사에코는 가볍게 고개를 끄덕이며 말했다.

"당연하죠. 1천만 엔의 예금이 전부 없어질지도 모르잖아요. 하지만 그보다 더 싫은 건 돈의 가치를 모르게 된다는 거예요."

'돈의 가치라고? 그런 건 내가 당신보다 훨씬 잘 알아!'

마쓰무라는 마음속으로 그렇게 외쳤다.

"결혼하고 나서 계속 소박하게 살아왔으니까 오히려 돈의 가치를 실감할 수 있었잖아요. 만약 1천만 엔이 1억 엔으로 둔갑한다면 당신은 분명 변할 거예요."

"그렇지 않아!"

마쓰무라는 마음 한구석으로 지금까지 사에코를 호강시켜주지 못한 자신을 못난 사내라고 생각해왔다.

"당신은 이 초라한 집에서 죽을 때까지 살고 싶어? 아직 건강할 때 해외여행도 다니며 살자고 말했잖아. 그리고 둘 중 하나가 먼저 가면 그래도 좀 좋은 실버타운에 들어가고 싶잖아. 지금의 나한테 그런 건 그저 꿈일 뿐이야. 하지만 이 주식이 10배로 둔갑하면 모든 소망을 이룰 수 있어."

사에코는 잠자코 듣고만 있었다.

"됐어. 이건 내 돈이야. 난 결정했어. 쓰지토메의 회사에 투자하겠어."

그러자 사에코가 무겁게 입을 열었다.

"쓰지토메 씨와는 그렇게 친했나요?"

"쓰지토메를 의심하고 있군. 그는 진짜야. 그가 운영하는 회사 사업에 관한 지식도 대단하다고. 와인 이야기를 하는데 탄복했다니까."

그러면서 이런 이야기를 했다.

"지난주 쓰지토메의 프랑스 레스토랑에서 와인을 마셨을 때 들었는데 말이지, 샤브리는 떫은맛이 강해서 생굴과 잘 맞고 샤르도네는 바닐라 향이 난다고 했어. 와인에 대한 이런 해박한 지식을 술술 말할 수 있다니 대단하지 않아?"

마쓰무라는 자랑스럽게 말했다. 하지만 사에코는 여전히 수상쩍게 느껴질 뿐이었다.

사에코가 입을 열었다.

"우리 결혼식에서 꽃다발을 준 조카 게이조를 기억해요?"

"아, 세 살 정도 꼬맹이? 그때 진짜 귀여웠지."

"지금 경영 컨설턴트를 하고 있어요. 그 이야기는 게이조의 의견을 들어보고 나서 결정하지 않을래요?"

"당신이 그래야만 수긍할 수 있다면 좋을 대로 해."

샤브리와 샤르도네

히카리가 아오야마에 있는 프랑스 레스토랑에 도착했을 때는 이미 아즈미가 혼자서 잔을 기울이고 있었다.

"샴페인인가요?"

히카리가 묻자 아즈미는 기분 좋게 싱긋 웃으며 살짝 고개를 끄덕였다.

"정답! G.H. 멈, 꼬르동 루즈야. 자네는 〈카사블랑카〉라는 영화를 본 적이 있나? 그 영화에 나오는 것이 바로 이 샴페인이야. 어떤 때에도 샴페인은 마시는 사람에게 희망을 안겨주지."

"그 영화, 간지러운 대사로 유명한……."

"그래, '당신의 눈동자에 건배!' 영어로는 'Here's looking at you, kid!'라고 하지."

그렇게 말하며 아즈미는 잔을 들어올렸다.

"무라니시 씨가 사적인 일로 제 의견을 물어왔어요."

히카리는 그랑디상사의 재무제표를 보여주었다.

"무라니시 씨의 숙모님이 '이 회사에 출자해도 괜찮은지' 물어보셨대요."

"무라니시 군은 어떻게 판단하던가?"

"재무제표상으로는 문제가 없을 것 같다고 대답한 모양입니다."

"자네는 어떻게 생각하나?"

"적극적으로 권하기는 좀 어렵다고 생각하는데요……"

"부정적인 거로군."

"그렇다기보다는 어딘지 좀 찜찜해서요."

"그래서 나한테 조언을 구하러 왔군."

아즈미는 샴페인 잔을 한손에 쥐고 재무제표를 찬찬히 보았다.

"무라니시 군의 숙모님은 뭐라고 하시나?"

"출자를 반대하신답니다. 그 이유가 정말 멋져요. '소박해도 좋으니 지금의 생활을 망가뜨리고 싶지 않다'고 하셨대요. 그래서 남편을 설득해달라고 하셨답니다."

"그렇다면 무라니시 군을 데려오지 그랬어."

그러자 갑자기 멋쩍은 표정으로 무라니시가 나타났다.

"숙모님께 재무제표상으로는 특별히 문제가 없다고 말씀드렸지만 숙모님의 마음을 생각하면 역시 이 제안에는 응하지 않는 게 낫다고 생각했습니다. 하지만 숙부님을 설득할 자신이 없어서 선생님의 지혜를 빌리고자 합니다. 대신 오늘의 식사는 제가 사겠습니다."

"그건 고맙군. 그럼 자네의 마음이 바뀌기 전에"라고 말하며 아즈미는 같은 샴페인을 한 병 더 주문했다.

"그러면 자네가 숙모님에게 들은 이야기를 빠짐없이 이야기해주게. 각색하면 안 되네."

아즈미는 무라니시의 이야기를 경청했다. 이야기가 끝나자 무라니시가 갖고 온 그랑디상사의 연결재무제표를 찬찬히 훑어보았다.

"히카리. 자네는 이 회사를 어떻게 생각하나?"

"무라니시 씨와 같은 생각인데요."

"즉, 출자를 해도 크게 손해 보진 않는다……?"

"네, 자신은 없지만요."

그러자 아즈미는 두 사람을 번갈아 바라보며 이렇게 말했다.

"자네의 숙모님은 감이 정말 날카롭군."

"그렇습니까?"

무라니시는 이해가 가지 않는다는 얼굴이었다.

"히카리, 자네는 내가 가르쳐준 회사를 감정하는 작법을 벌써 잊어버린 모양이야. 외관부터 봐도 이 회사는 수상쩍어."

"어디가 수상쩍은가요?"

히카리는 아즈미가 무슨 근거로 그렇게 결론짓는지 알 수 없었다.

"근거를 말해주지. 첫째, 이 쓰지토메인가 하는 남자가 와인 전문가라고 말했다는데 그건 있을 수 없는 일이야."

"하지만 이 사람이 와인에 관한 지식이 해박하다고 숙부님이 말씀하셨다는데요."

"아까 말한 샤브리와 샤르도네 이야기 말이지?"

아즈미는 별안간 웃음을 터뜨렸다.

"샤브리는 부르고뉴 지역을 가리키는 말이지 포도 품종이 아니야. 샤르도네는 포도 품종이지만 말이야. 와인 전문가가 그런 기본적인 지식을 틀릴 리가 없어."

"그렇습니까?" 하고 대답했지만 무라니시는 이 사안에서 그게 그렇게 중요한 문제 같지는 않았다.

"재무제표가 수상하다고 생각하시는 이유는 그것뿐인가요?"

무라니시가 물었다.

"절대 아니지. 이 회사의 재무제표에는 치명적인 문제가 숨어 있어. 그 점을 가짜 와인 전문가께서 교묘하게 은폐하고 있지."

"정말입니까? 재무제표상으로는 수익성과 재무건전성 둘 다 아무 문제가 없다고 생각했는데요."

무라니시는 불만스럽게 말했다.

"아까 히카리도 이 재무제표에는 문제가 없다고 말했지."

아즈미는 무라니시가 산 샴페인을 잔에 따랐다.

그때 히카리가 외쳤다.

"지금 알아차렸는데 이건 연결재무제표인거죠?"

"바로 그거야! 다시 말해 이건 그랑디그룹의 연결재무제표지 그랑디상사의 개별재무제표가 아니야."

"하지만 연결재무제표는 그 회사 기업집단의 실적을 나타내는 거잖아요."

"그래서 문제인 거야. 무라니시 군, 자네 숙부님을 파산시키고 싶지 않다면 개별재무제표를 조사해야 하네."

"연결재무제표로는 안 됩니까?"

무라니시는 연결재무제표야 말로 기업의 실태를 정확하게 표시한다고 믿고 있었다.

"외관에 속으면 안 되네."

"꼼꼼하게 관찰했다고 생각했는데요……."

"자네들은 역사를 배우는 게 얼마나 중요한지 알지 못하는 것 같군. 윈스턴 처칠도 '어리석은 사람은 경험을 통해 배우고 지혜로운 사람은 역사를 통해 배운다'고 하지 않았나."

"그건 비스마르크가 한 말인 것 같은데요."

히카리가 간접적으로 정정했다.

"뭐, 그건 됐고. 문제는 자네들이 역사를 공부하지 않았다는 거야."

아즈미는 라이브도어(일본의 신흥 IT기업으로 창업자인 호리에 다카후미 사장의 공격적인 경영을 통해 창업 10년 만에 인터넷 업계 수위에 올랐다. 그러나 호리에 다카후미 사장이 2006년 4월 증권거래법 위반 혐의로 체포된 이후, 라이브도어는 도쿄 증권거래소에서 상장 폐지되었다. 2010년 네이버(NHN)재팬이 라이브도어를 인수했다 – 옮긴이)의 이야기를 꺼냈다.

"그 회사의 전성기 때 연결매출이 784억 엔, 영업이익이 127억 엔이었네. 대단한 회사였지. 언론은 당시의 사장을 시대의 총아라고 치켜세웠어. 하지만 개별재무제표에 나타난 라이브도어의 모습은 전혀 달랐네."

"어떻게 달랐습니까?"

무라니시가 물었다.

"라이브도어의 단독매출액은 93억 엔, 경상이익은 마이너스 14억 엔이었어. 도를 넘어선 증자로 자금을 모아 다른 회사 인수하기를 반복했지. 그 당시 라이브도어의 자회사는 49개나 되었어. 즉 700억 엔에 가까운 매출액이 라이브도어의 것이 아니었다는 말이지. 하지만 주주들은 이 적자 중소기업이 발행한 주식을 미친 듯이 사들였어."

"연결재무제표만으로 외관을 판단하는 것은 무척 위험하다는 말씀이군요."

히카리는 머릿속에 끼어 있던 안개가 단번에 걷히는 느낌이 들었다. 하지만 무라니시는 아직 이해하지 못한 모양이었다.

"결론을 내기엔 아직 일러. 향과 맛을 감정하진 않았으니 말이네.

먼저 그랑디상사의 개별재무제표를 입수해야 하네. 가능하면 쓰지토메라는 사람을 만나보게. 어떤 사람인지 보자마자 알 수 있을 거야."

"또 부쇼네일까요?"

"그건 자네가 판단해야지. 그러면 난 이제 일어나겠네. 아, 그렇지. 무라니시 군, 신용카드는 갖고 있나?"

"네, 있습니다만……"

"그거 다행이군. 오늘 마신 샴페인은 좀 비싸거든."

그렇게 말하고 아즈미는 가게를 나갔다.

연결재무제표의 마술

일주일 뒤.

"게이조, 히카리 씨, 정말 고마워요."

1천만 엔이나 되는 돈을 사기 당했는데도 사에코는 손수 만든 음식으로 무라니시와 히카리를 대접하겠다고 두 사람을 집으로 초대했다. 결과에 상관없이 감사의 뜻을 전하고 싶었던 것이다.

"쓰지토메 씨는 처음부터 우리 남편을 속일 생각으로 전화를 건 거였어."

"아마 그렇겠지요……."

무라니시는 한쪽 구석에 침울하게 앉아 있는 숙부가 마음에 걸려 말끝을 흐렸다.

"생각할수록 이상하잖아. 보통은 후배가 옛 선배에게 일부러 연락해서 긴자 같은 곳에서 접대를 하진 않지. 결국 긴자에서 마신 술값은 당신이 쓰지토메 씨에게 한턱 낸 거나 마찬가지예요."

'우리 남편은 어쩌면 이렇게 사람이 좋을까.'

사에코는 기가 막혀서 더 이상 말이 나오지 않았다. 게이조의 의견을 듣고 나서 결정하자고 약속했건만 금쪽같은 1천만 엔을 제멋대로 출자한 것이다.

"당신이란 사람은 정말 쉽게 속아 넘어간다니까요."

"미안해. 걱정시켜서. 하지만 그 녀석은 좋은 사람이야."

마쓰무라는 진심으로 그렇게 생각하는 것 같았다.

"당신에게 보내준 재무제표는 엉터리였잖아요."

사에코는 이런 상황에서도 여전히 후배를 감싸는 남편의 마음을 도무지 이해할 수 없었다. 그러자 히카리가 입을 열었다.

"저희가 조사하기로는 그랑디상사의 연결재무제표상에서는 전혀 문제가 없었습니다."

"그러면 회사는 흑자였던 거야?"

"네."

히카리가 대답하자 사에코는 고개를 갸웃거렸다.

"하지만 게이조, 너는 그랑디상사가 당장에라도 망할지 모르는 적자 회사라고 했잖니?"

사에코는 누구의 말이 맞는지 몰라 당황스러웠다.

"좀 이해하기 어려우시겠지만 쓰지토메 씨가 보낸 것은 연결재무제표고 이번에 저희가 감사한 것은 개별재무제표였어요(자료 14)."

"그 둘은 어떻게 다른데?"

"간단히 말하자면 연결재무제표는 쓰지토메 씨가 경영하고 있는 그랑디상사가 지배하는 모든 회사를 합친 재무제표예요. 쓰지토메 씨는 10년 전 와인 수입판매 회사인 그랑디상사를 설립해 크게 성공했어요. 그렇게 해서 번 돈을 당시 설립한 지 얼마 되지 않은 통신판매회사인 세르비아잉크에 전부 투자했죠."

"세르비아잉크라니, 텔레비전에서 광고하는 그 회사 말이야?"

광고를 통한 교묘한 화술로 많은 사람으로부터 상품을 사게 하는 회사였다.

"당시 세르비아잉크는 아직 규모도 작고 연속 적자를 내고 있었어요. 그랑디상사는 제3자 할당 증자 방식(특정한 제3자를 대상으로 신주를 발행하는 것. 업무제휴업체나 거래처 등 주식을 발행하는 회사와 관련성이 있는 특정한 자에게 신주인수권을 부여하고 신주식을 발행한다 – 옮긴이)으로 발행 주식의 51퍼센트를 취득한 다음, 사장 부인과 친동생을 이사 자리에 앉혔습니다. 그 뒤 세르비아잉크가 급성장한 것은 아시지요?"

사에코의 뇌리에 한 옥타브 높은 소리로 말하는 사장의 얼굴이 떠올랐다.

"그런데 세르비아잉크가 급성장한 것과는 반비례하듯 모회사인 그랑디상사의 실적이 악화되었어요. 원인은 두 가지였는데 하나는 유

자료 15

그랑디상사의 단독손익계산서

단독손익계산서					(단위: 억 엔)
매출액	5	167%	지급이자	0.5	17%
매출원가	3.5	117%	당기순이익	−1	−33%
매출총이익	1.5	50%	법인세 등	0	0%
※판매비와 관리비	2	67%	법인세 차감 후 당기순이익	−1	−33%
영업이익	−0.5	−17%			

력한 프랑스 와이너리와의 계약을 갱신하는 데 실패했습니다. 계약 기간이 만료되자 그 와이너리는 그랑디상사와 거래를 끊고 규모가 큰 다른 상사와 계약을 맺었죠. 또 하나는 은행의 권유를 받고 1유로에 160엔으로 외화 예약을 한 것입니다. 그런데 그 뒤 유로가 하락해 1유로에 90엔 대로 지속되었어요. 와인 판매가는 하락했지만 1유로에 160엔으로 결제해야 했죠. 그래서 와인이 잘 팔릴수록 적자액은 부풀어 올랐어요."

채무초과

"그렇다면 쓰지토메의 회사는 이익이 나지 않는다는 말이군."

마쓰무라는 그 사실을 처음으로 깨달은 모양이었다.

"그렇다고 할 수도 있고 그렇지 않다고도 할 수 있어요."

"그게 무슨 뜻이지?"

사에코가 고개를 갸웃했다.

"세르비아잉크와 회계상으로 연결을 하면 흑자인 거죠. 하지만 그랑디상사 단독으로 봤을 때는 채무초과[15]였던 겁니다. 대학 시절 은사님의 조언이 없었다면 저희들도 속아 넘어갔을 거예요."

히카리는 솔직하게 답했다.

"그게 무슨 말이야? 히카리."

사에코가 물었다.

"아까도 말씀드렸지만 그랑디상사는 채무초과지만 세르비아잉크를 합친 그룹 전체로는 흑자였어요. 실은 그랑디상사가 세르비아잉크의 주식을 팔아서 지금은 지주비율이 5퍼센트 정도고 사장의 부인과 동생도 이제 이사가 아니에요. 하지만 쓰지토메 씨는 옛날처럼 연결재무제표를 작성해서 증자를 추진한 거죠. 그렇게 하면 채무초과를 해결할 수 있으니까요."

"그런 엉터리 회사에 1천만 엔이나 되는 돈을 쏟아부은 거네."

사에코가 씁쓸한 표정으로 말했다.

“그런데 왜 쓰지토메는 나한테 증자 이야기를 한 걸까?”

그때까지 잠자코 듣고만 있던 마쓰무라가 입을 열었다.

“쉽게 속을 거라고 생각했겠죠. 게이조, 어떻게 생각하니?”

사에코의 말에 무라니시는 차분한 어조로 대답했다.

“아마 은혜를 갚고 싶었던 거겠죠.”

“1천만 엔이나 속여 빼앗아놓고 은혜를 갚는다고? 말도 안돼!”

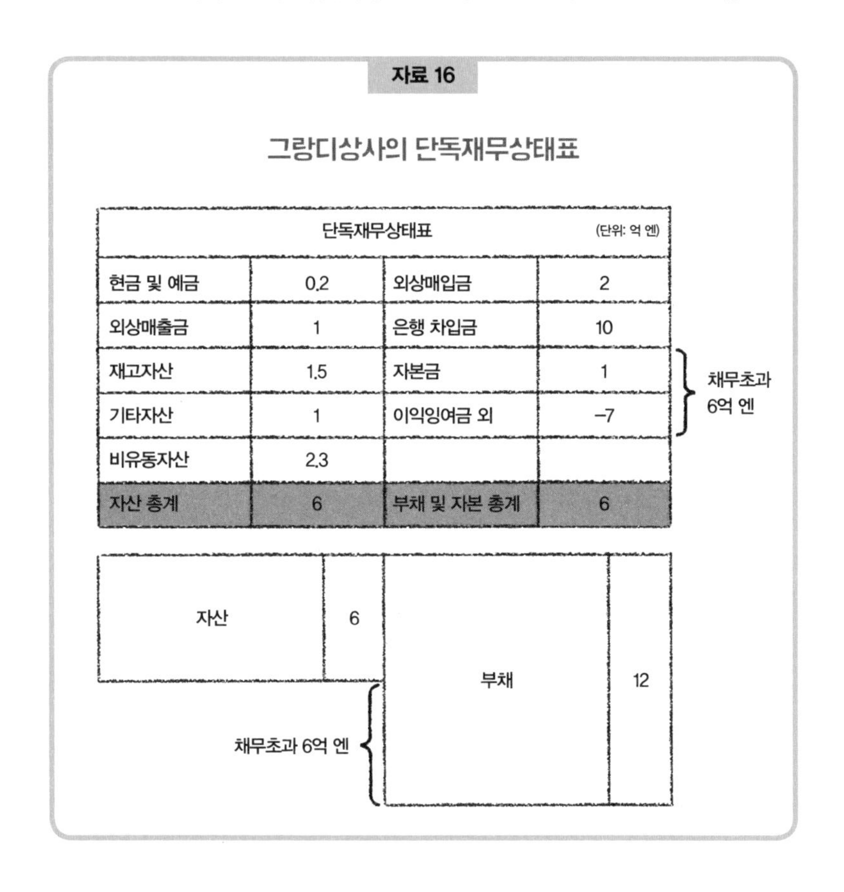

자료 16

그랑디상사의 단독재무상태표

단독재무상태표			(단위: 억 엔)
현금 및 예금	0.2	외상매입금	2
외상매출금	1	은행 차입금	10
재고자산	1.5	자본금	1
기타자산	1	이익잉여금 외	−7
비유동자산	2.3		
자산 총계	6	부채 및 자본 총계	6

사에코는 어처구니가 없었다.

"그 사람이 회사에 들어갔을 때, 상사에게 엄청나게 괴롭힘을 당했다고 해요. 하지만 숙부님이 항상 감싸주셨고 같이 술도 마셔주셨다고 하더라고요. 쓰지토메 씨는 진심으로 그때의 은혜를 갚고 싶다고 생각했을 거예요."

"어떤 식으로 은혜를 갚는다는 걸까? 1천만 엔이나 되는 돈을 빼앗겼는데."

"숙부님의 1천만 엔은 다시 돌아올지도 몰라요."

히카리의 말에 마쓰무라와 사에코는 귀를 의심했다.

"그게 무슨 말이지?"

"세르비아잉크가 주식공개를 한다고 해요. 그 회사는 수익력과 재무상태에 전혀 문제가 없거든요. 상장할 때 그랑디상사를 흡수합병하면 1천만 엔의 그랑디상사의 주식은 세르비아잉크의 주식으로 바뀌게 돼요. 엄청나게 횡재하진 않겠지만 숙모님이 원하시는 소박한 생활의 양식 정도는 될 겁니다."

무라니시가 자신만만하게 말했다.

그러자 마쓰무라가 갑자기 기운찬 목소리로 이렇게 말했다.

"들었지? 그 녀석은 좋은 놈이라니까!"

연결재무제표에 속지 마라

1. 연결재무제표의 맹점

이번 장은 연결재무제표를 그대로 믿는 것이 얼마나 위험한지에 대해 말하고 있다. 연결재무제표 원칙을 보면 '연결재무제표는 지배종속관계에 있는 둘 이상의 회사나 기업단체를 단일 조직체로 간주하여 모회사가 해당 기업집단의 재무 상태 및 경영 성적을 종합적으로 보고하기 위해 작성하는 것이다'라고 쓰여 있다.

회사는 다양한 형태로 존재한다. 가령 홀딩컴퍼니(지주회사)가 그룹 전체의 주식을 갖고 있는 경우 연결재무제표 정보는 그 기업집단에 대한 투자 정보로써 효과적이다. 하지만 모든 회사가 이런 형식을 취하진 않는다. 앞서 이야기한 그랑디상사와 라이브도어는 기업집단의 실태와 상장한 회사의 실태가 크게 동떨어져 있었기 때문에 투자자들이 회사 사정을 잘못 파악한 예라고 할 수 있다. 따라서 특히나 일본 기업의 경우, 연결재무제표뿐 아니라 개별재무제표도 함께 분석해야 한다.

2. 드러커적 관점

연결재무제표는 그저 기업집단 전체의 정보가 아니라 기업집단의 가치사슬 상태를 가시화하는 수단이라고 생각해야 한다. 이 점에 관해 드러커는 다음과 같이 말했다.

• 전체 경제사슬의 원가관리

"작업의 원가를 아는 것만으로는 충분하지 않다. 점점 더 경쟁이 심해지는 글로벌 시장에서 성공적으로 경쟁하려면 회사는 '전체 경제사슬'의 원가를 알아야만 한다. 그리고 원가를 관리하고 산출량을 최대로 늘리려면 경제사슬은 다른 구성원 모두와 협력하지 않으면 안 된다. 그러므로 회사는 그들의 내부조직에서 일어나는 것만 원가계산하는 것으로부터 전체 경제적 프로세스를 원가계산하는 것으로 이동하고 있는데, 이렇게 되면 심지어 가장 규모가 큰 회사일지라도 하나의 연결점에 지나지 않게 된다. (중략) 누가 무엇을 소유하건 상관없이 시장에서 문제가 되는 것은 경제적 실체고 전체 프로세스의 원가다."

_《21세기 지식경영(한국경제신문, 2002)》

• 가격중심 원가산정

"회사로 하여금 경제사슬 원가를 받아들이게 하는 강력한 추진력은 '원가중심 가격결정'에서 '가격중심 원가산정'으로의 이동일 것이다. (중략) 시어스와 M&S는 오래전에 가격중심 원가산정으로 전환했는데, 이는 디자인 단계부터 시작해 고객이 지불할 용의가 있는 가격을 기준으로 허용 원가를 결정하는 것이다. 최근까지도 이들 회사는 예외적인 경우였다. 지금은 가격중심 원가산정이 보편적으로 받아들여지고 있다. (중략) 대부분의 기업들은 경제사슬 원가로 전환하기가 고통스러울 것이다. 경제사슬 원가로 전환하려면 전체 사슬을 구성하는 모든 회사에게 공통된, 또는 적어도 양립 가능한 회계제도가 필요하다. (중략) 장애물이 무엇이든 간에 경제사슬 원가는 정착되어야 한다. 그렇지 않으면 심지어 가장 효율적인 회사마저도 점증하는 원가상 불리함 때문에 피해를 입게 될 것이다."

_《21세기 지식경영(한국경제신문, 2002)》

다시 말해, 연결재무제표를 작성하는 것만으로 만족하면 안 된다는 말이다.

제7장

재고관리에 컴퓨터는 필요 없다!

August

마에하라의 위기

마에하라의 직통전화가 요란하게 울렸다. 이 전화번호를 아는 건 특별한 사람들뿐이다. 발신 전화번호 화면에는 진보평이라고 표시되어 있었다. 마에하라는 크게 심호흡을 한 다음 수화기를 들었다.

"마에하라입니다."

"당신 회사를 고소하기로 했어. 물론 내가 지불한 M&A 건에 대한 보수는 돌려받겠네."

진보평은 첫마디부터 서슬이 퍼런 어조로 퍼부었다.

'무슨 일이 있는 건가…….'

마에하라는 전혀 짐작할 수 없었다.

"오늘 발행된 《주간 게이니치》를 봤나?"

"지금은 회의 중입니다. 10분 뒤에 제가 연락드리겠습니다."

마에하라는 전화를 끊고 황급히 책상에 있는 잡지를 보았다. 꽤 주의해서 보지 않으면 그냥 지나칠 정도로 작은 기사였다.

신생 바이오사, 날림 회계 처리

중국계 펀드에 매수된 신생 바이오사가 경영 파탄 위기에 처해 있다는 사실이 드러났다. 부신명(簿新明) 사장은 이 사태에 서둘러 대처하고 있다.

'역시…….'

마에하라는 재무제표의 수치들이 조금 부자연스러웠던 기억을 떠올렸다. 그리고 진보평이 불안함을 느끼며 본국에 돌아간 것도 생각났다. 마에하라 분노의 칼끝은 친구 다카타를 향했다.

다카타가 보여준 보고서에는 신생 바이오사의 지적자산 금액이 대략 50억 엔이라고 쓰여 있지 않았던가. 그래서 그 평가대로 50억 엔으로 이야기를 추진했다. 하지만 사실은 그렇지 않았던 것이다.

'아무 성의 없이 대충 만든 보고서였어!'

마에하라는 자신의 잘못은 생각하지도 않고 다카타에게 항의하기 위해 전화를 걸었다.

"기사 때문에 진보평 씨에게 항의 전화가 왔어. 어떻게 된 거야?"

다카타는 자신도 피해자라고 생각하는지 기분 나쁘다는 식으로 대답했다.

"우리한테도 전화가 왔었어. 그래서 한바탕 난리가 났네. 자네는 따로 신생 바이오사를 조사하지 않았나?"

"그때 할 일이 많아서 받은 자료를 그대로 사용했어. 어차피 그렇게 긴 보고서를 제대로 읽는 사람도 없을 거고 해서."

"내용을 그대로 갖다 붙인 거야?"

"뭐 그런 거지. 그렇다고 아무 일도 안한 건 아니야. 자네 은행은 조사 작업을 외주했었지? 그 컨설팅 회사에 문의했지만 담당자가 이미 그만둬서 연락이 되지 않았어."

"하나같이 무책임한 놈들뿐이군."

다카타는 요란스럽게 한탄했다.

"그 일 말인데, 자네한테 알려주고 싶은 정보가 있어. 아무래도《주간 게이니치》의 기사는 자유기고가가 쓴 것 같아."

"그 녀석은 대체 뭘 쫓고 있는 거야?"

마에하라가 물었다.

"진보평의 자금원이야."

"신생 바이오사의 매수자금 출처 말이야?"

"진보평은 그밖에도 도쿄와 교토의 고급 아파트들을 사들이고 있는 모양이야. 대금은 전부 현금으로 지불하고 있어. 아무래도 깨끗한 돈은 아닌 것 같아."

"횡령한 돈인지도 모르지……."

만약 그렇다면 진보평이 신생 바이오사를 매수한 사실이 공공연하게 드러나는 것을 기를 쓰고 저지하려는 것도 이해가 간다.

마에하라에게는 아주 위험한 사태였다. 벼락치기로 작성한 그 보고서가 남의 자료를 베껴 쓴 것이라는 사실이 발각되면 목이 날아갈지도 모른다. 지금은 일단 조금이라도 진보평의 오해를 풀어야 했다.

마에하라는 진보평에게 전화를 걸었다.

진보평의 무리한 요구

"신생 바이오사의 기사 말입니다만, 아마 어떤 착오가 있는 게 아닐까 합니다."

"변명은 그만하지. 우리 부신명 사장님도 그 잡지 내용과 똑같이 '엉망진창인 회사'라고 하셨어. 하지만 당신은 그런 거지 같은 회사를 나한테 바가지를 씌워서 팔아치웠네."

진보평은 점점 더 격하게 화를 냈다.

"마에하라 씨, 내가 투자를 할지 말지 망설였을 때 당신은 분명히 이 회사를 '보증한다'고 했어. 그게 사실이라면 50억 엔을 한 푼도 남김없이 돌려받아야 해. 하지만 이번 일은 일본식으로 좋게 좋게 덮어주겠네. 일을 시끄럽게 하지 말고 조용히 해결하길 바라네."

'역시…….'

듣기엔 그럴듯했지만 진보평은 자신에게 불리한 사태가 일어날까봐 걱정하고 있었다. 재판을 하게 되어 옥신각신하는 모습이 표면화되지 않기를 바라는 것이다.

"그러면 진 선생님의 생각은 어떠십니까?"

"신생 바이오사를 이익이 나는 회사로 만들어주면 더 이상 불평하지 않겠네."

"알겠습니다. 뉴컨의 일급 컨설턴트를 투입하겠습니다."

마에하라가 자신의 어리석음을 알아차렸을 때는 이미 늦었다.

진보평은 표정도 바꾸지 않고 이런 조건을 제시했다.

"이 일은 신생 바이오사 M&A 건의 일부라고 생각하네. 당신 회사에 수수료로 1억 엔이나 지급했으니 이번 일의 보수는 따로 없어. 그리고 추가 자금이 투입되거나 컴퓨터 시스템으로 회사를 개선하자는 류의 제안도 받아들이지 않겠어. 지금도 1억 엔이나 들여서 구축한 재고관리 시스템이 있으니 말이야. 그리고 또 하나, 일주일 안에 내가 납득할 만한 프레젠테이션을 하게. 이 일은 모두 자네 책임이야. 만약 내 뜻과 어긋나는 결과가 나온다면 알만한 곳에서 압력이 들어올 거야. 알겠지?"

진보평이 굵은 목소리로 으르렁거렸다.

마에하라는 아무리 생각해도 말도 안 되는 조건이라고 생각했다. 하지만 답이 하나밖에 없다는 것도 알고 있었다. 안 된다는 것을 알면서도 컨설팅을 시작해서 누군가를 희생양으로 삼아야 한다.

"무, 물론입니다. 다만 저희 회사의 컨설턴트가 움직이면 분명히 다른 사람 눈에 띌 겁니다. 그래서 말인데요. 표면적으로는 다른 회사와 계약하고 일은 저희 회사 컨설턴트가 하는 것은 어떻습니까?"

"결과만 잘 나오면 형식은 상관없어."

"알겠습니다."

마에하라는 누가 책임을 질 것인지는 말하지 않았다.

마에하라의 의뢰

아마노는 점심 식사를 마치면 문을 잠그고 소파에 누워 주간지를 읽는 것이 일과였다. 오늘도 애독하는 주간지 연재 기사를 정신없이 읽고 있는데 전화가 걸려왔다. 아마노는 와이셔츠 주머니에서 스마트폰을 꺼내 발신인을 확인하고 통화 버튼을 눌렀다. 마에하라였다.

"자네에게 부탁하고 싶은 일이 있어서 말이야."

"무슨 일이십니까?"

"간단한 일이야. 하지만 사정이 있어서 보수를 받을 수 없어. 물론 자네에게 공짜로 일하라는 말은 아니야. 앞으로도 다른 일들을 줄 것이고 연수생의 급여는 이쪽에서 지불하겠네."

매번 들어왔던 이야기다. 마에하라는 항상 그렇게 말하며 수지에 맞지 않는 일을 던져주었다. 그렇지만 인지도가 낮은 타이거에게 마에하라와의 연결고리는 생명줄이나 다름없었다.

"어떤 일인가요?"

"단도직입적으로 말하자면……."

마에하라는 솔직하게 진보평의 요구를 털어놓았다.

"그런 일을 저희한테 던져주시는 겁니까?"

아마노는 벌떡 일어났다.

"추가 투자나 컴퓨터 시스템을 전제로 한 솔루션도 안 되고 기간은 겨우 일주일, 보수도 지급하지 않겠다니. 그런 일을 받아들이는 건 자살행위입니다."

"그런 것쯤은 나도 알고 있어. 다 알면서도 받아들였네."

"이유가 뭡니까?"

"진보평 씨와의 파이프가 끊어지면 안 되니까……."

마에하라는 말끝을 흐렸다.

"이렇게 막무가내인 요구를 해결할 수 있는 컨설턴트가 누가 있겠나? 지금 필요한 것은 희생양이야. 하지만 우리 회사의 인재를 내놓을 수는 없네."

"그건 그렇지만 뉴컨의 컨설턴트가 아니면 진보평 씨는 수긍하지 않을 겁니다. 잠깐만요."

아마노는 어떤 생각이 떠올랐다.

"스가다이라 히카리를 기억하십니까?"

"음, 누구였더라……."

"뉴컨 연수생말입니다. 마에하라 씨의 후배가 아닙니까?"

"아, 생각났네. 그 사람은 아즈미 선생님의 강의를 들었다고 했지."

"같은 강의를 들으셨군요. 우수한 사람입니다. 하지만 여태껏 쉬운 일만 시켰지요. 그 점을 크게 반성하고 있습니다. 이제부터라도 본격적인 일을 맡겨야겠다고 생각하던 차입니다."

그러자 마에하라가 의외의 말을 했다.

"아즈미 선생님 말이지. OB모임에는 아직 얼굴을 내밀고 있지만 분명히 말해서 내가 그 선생님에게 배운 건 전혀 없어. 생각이 얕단 말이야. 그러니 나는 신경 쓸 것 없네. 아니, 뉴컨의 정규직이 되는 것이 얼마나 힘든 일인지 알려 주게."

"그럼 스가다이라를……."

"바로 그거야. 스가다이라는 아직 젊으니까 최악의 경우 회사에서 잘려도 다시 일어설 수 있지 않겠나."

"새삼스럽게 무슨 말씀이십니까? 처음부터 스가다이라를 뉴컨에 정식 채용할 생각이 있기나 했습니까?"

"왜 그렇게 의심하는 건가?"

"저희 회사는 호랑이굴이라고 불립니다. 정말로 정식 채용을 하고 싶은 인재라면 애초부터 저희 회사에서 연수를 받게 할 리 없죠."

그렇게 말하며 아마노는 히죽 웃었다.

풀리지 않는 문제

타이거에서 연수를 받은 지도 5개월이 지났다. 히카리는 조금씩이지만 자신감이 생겨났다. 남은 한 달을 순조롭게 보내면 무사히 뉴컨에 돌아갈 수 있을 거라 믿었다.

"스가다이라 씨, 잠깐 나 좀 보지."

아마노였다.

"지금까지 열심히 일해줬네."

아마노는 한 번도 본 적이 없는 활짝 웃는 얼굴로 말을 걸었다.

"마에하라 사장님이 꼭 자네여야 한다고 지명하셨어. 연수도 앞으로 한 달밖에 안 남았군. 이게 마지막 연수가 될지도 몰라. 그러니 열심히 하게."

'해냈다!'

히카리는 그렇게 외치고 싶은 충동에 휩싸였다.

"이게 의뢰인에 관한 자료야. 잘 읽어두도록."

아마노는 가지고 온 파일을 책상에 놓았다.

파일 표지에는 '신생 바이오사'라고 쓰여 있었다.

'이 회사, 분명히 잡지에서 본 적이 있는데…….'

"의뢰인은 이 회사의 주인이기도 한 중국계 펀드야. 지금부터 반 년 전쯤에 50억 엔을 투자해서 이 회사를 매수했지. 그때 신생 바이오사를 조사한 것이 뉴컨이었어. 이것이 조사 보고서야. 매수 당시에는 아무 문제가 없었지만 왜인지 요즘 들어 실적이 갑자기 악화되었어. 이대로 가면 오래 버티지 못할 거라고 하네. 하지만 이 회사가 취급하는 상품은 장래성이 있으니까 어떻게든 실적을 개선시키라는 게 오너의 의향이야."

히카리는 한마디도 놓치지 않으려고 열심히 아마노의 말을 노트에 받아 적었다.

"질문 하나 해도 될까요?"

히카리가 고개를 갸웃거리며 물었다.

"뉴컨이 조사한 것은 지금으로부터 반년 전이라고 하셨지요? 그때는 문제가 없었고요. 하지만 겨우 6개월 만에 위기에 처하다니 회사가 그렇게 단기간에 급변할 수도 있을까요?"

"지나간 일은 신경 쓰지 않아도 돼. 앞으로 어떻게 할 것인지 그것만 생각하게."

아마노는 교묘하게 답변을 피했다.

"그런 것보다는 조사 포인트를 정리해뒀어. 외상매출금과 재고자산, 시스템 관련비, 연구개발비, 인건비, 유이자부채가 너무 많아. 즉, 생산성이 낮다는 말이지. 따라서 자네의 임무는 신생 바이오사를 수익력 있는 회사로 만들어서 재무 상태를 보강하는 거야. 쉽게 말해 흑자 체질로 바꾸고 빚을 줄이는 거지. 단 조건이 있네. 이번 임무에서는 컴퓨터 시스템을 도입하는 솔루션은 받아들이지 않겠다는군. 그리고 추가 자금을 투입하지 않아야 하고 또 금방 효과가 나야 해."

왠지 아마노는 남의 집 불구경을 하는 듯한 말투였다. 히카리는 저도 모르게 소리를 지를 뻔했다. 요즘 세상에 컴퓨터를 사용하지 않는 개선책이 도대체 어디 있단 말인가. 더구나 돈을 들이지 않고 즉시 효과가 나타나는 방법이라니…….

'도저히 불가능해!'

그리고 이상한 점이 있다. 아마노가 건네준 보고서의 작성자란에는 아무것도 쓰여 있지 않았다. 또 뉴컨에서 조사했을 때는 문제가 없었는데 겨우 반년 만에 경영 상태가 악화되어 파산 위기에 직면하다니 그것도 이상했다.

"기한은 언제까지인가요?"

"다음 주까지야. 뉴컨의 중요한 고객이니까 반드시 기한을 지켜야 하네."

"그건 불가능합니다!"

결국 히카리는 해서는 안 되는 말을 입 밖에 냈다.

"그래? 내 업무지시에 따르지 못한다는 말이로군. 그러면 어떻게 되는지 각오는 되어 있겠지?"

아마노는 차갑게 말했다.

경험하지 않은 일은 이해하지 못한다

그제야 아마노의 속셈이 보이기 시작했다. 이번 일은 처음부터 실패할 것이 빤한 말도 안 되는 일이었다. 그것을 뉴컨은 타이거에게, 타이거의 아마노는 연수생인 자신에게 던진 것이다.

히카리는 자신이 도마뱀의 꼬리 취급을 받고 있다고 생각했다.

'그만두겠어!'

그렇게 외치려던 차에 아즈미가 항상 했던 말이 떠올랐다.

"경험하지 않은 일은 이해하지 못한다네."

아무것도 하지 않고 그만두다니 아까운 일이다. 신생 바이오사 건으로 최대한 많은 경험을 하고 그래도 실패하면 그때 그만두면 된다. 그렇게 생각하자 마음이 편해졌다.

"하겠습니다!"

히카리는 힘차게 말했다.

"그래? 그럼 결정됐네. 컨설팅 기간은 일주일이야. 아마 자네의 마지막 일이 될 거야. 후회가 남지 않도록 열심히 해봐. 그리고 무라니시도 투입해주지. 성과를 내서 두 사람 모두 뉴컨으로 돌아가면 되겠네."

그렇게 말하며 아마노는 슬쩍 미소를 띠었다.

와인을 팔지 않는 레스토랑

마음을 추스르긴 했지만 때때로 불쾌감이 스멀스멀 치밀어올랐다. 아마노의 시커먼 속셈 때문이다. 아무도 해결하지 못하는 그런 문제를 하필이면 자신과 무라니시에게 던지다니. 딱 봐도 두 사람을 해고할 생각인 것이다.

'오늘은 아즈미 선생님께 실컷 푸념해야지.'

히카리는 이번 컨설팅 목적을 미리 아즈미에게 메일로 알려뒀다. 얼마나 불합리한 일인지 선생님께 알리고 싶었다. 그러면 분명히 자신을 동정해줄 거라고 히카리는 믿었다.

아즈미가 알려준 가게는 아자부쥬방에 있는 와인 레스토랑이었다. 히카리가 약속 시간에 도착했을 때 아즈미는 이미 와 있었다. 테이블에는 물방울이 맺힌 와인 병이 놓여 있었다.

"오래 기다리셨어요?"

히카리가 그렇게 말하며 아즈미의 맞은편에 앉기 무섭게 아즈미는 와인 이야기를 시작했다.

"이 가게는 와인을 들고 올 수 있어,라기보단 사실 와인을 취급하지 않는다네."

히카리는 기묘한 느낌이 들었다.

레스토랑에서는 매입가의 3배로 와인을 판매한다고 들은 적이 있다. 즉, 와인은 이익의 원천인 셈이다.

"와인은 마진이 많이 남는 상품이라고 들었는데요……."

"그래 맞아. 하지만 와인은 매입해서 팔기까지 시간이 걸리지. 그 동안 와인에 투입한 돈은 묶여 있어. 게다가 비교적 저렴한 와인이 잘 팔리고 고급스러운 그랑 뱅은 여간해선 팔리지 않아. 만약 차입금으로 와인을 매입했다면 어떻게 될까? 재고상품으로 창고에 있는 동안 점점 이자가 붙겠지."

'아하, 그런 거구나.'

히카리는 수긍했다.

"그래서 자네를 위해 프랑스의 루아르, 산세르 지방의 소비뇽 블랑을 사왔다네. 드라이하고 산미가 뛰어나지. 더구나 와인 가게에서

3천 엔에 살 수 있으니 자네의 주머니 사정에 별로 타격이 가지 않는 가격이지."

아즈미의 눈이 미소로 가늘어졌다. 하지만 히카리는 아즈미의 말이 귀에 들어오지 않는지 첫마디부터 불만을 터뜨렸다.

"선생님, 제 메일 보셨지요? 아마노 씨는 저를 쫓아내려고 해요."

히카리의 목소리가 떨렸다.

"물론 봤지. 그게 불만인가?"

아즈미는 어딘지 모르게 재미있어하는 것 같았다.

"선생님, 제 이야기를 진지하게 들어주세요. 저는 다섯 달 동안 이를 악물고 열심히 노력했어요. 경험하는 것이 중요하다고 타이르면서 이 일도 받아들였습니다. 하지만 역시 용납할 수 없어요. 분명히 말해서 이 일은 이미 결과가 나와 있어요."

"어떤 결과 말인가?"

"완전히 실패해서 욕만 실컷 먹고 회사에서 잘리는 거죠."

아즈미는 빙글빙글 웃으면서 안주를 먹기만 했다.

"선생님, 듣고 계세요?"

히카리가 큰 소리로 물었다.

"듣고 있네. 웃든 울든 이제 한 달밖에 안 남지 않았는가. 그렇게 화낼 일도 아니야."

"하지만 너무 분해요. 그리고 무라니시 씨도 말려들었고요."

히카리는 불만에 차서 뺨을 부풀렸다.

"자네는 그런 일로 후회를 하고 있는 건가? 그동안 타이거에서 일해왔던 게 무엇을 위해서였나? 목적은 자신의 실력을 쌓기 위해서가 아닌가? 설마 무라니시 군이나 타이거를 위해 일해온 건 아닐 테지?"

"그건 그렇지만요."

알고 있지만 그래도 불쾌했다.

풀리지 않는 문제는 없다

아즈미는 화이트와인을 한 모금 마시고 말했다.

"왜 불가능하다고 단정 짓는 건가. 사물은 생각하기 나름이야. 이번 일의 목적은 한 푼도 들이지 않고 신생 바이오인가 하는 회사를 회생시키는 것이라고 했지? 재미있지 않나? 그런 두 번 다시 없을 일을 할 수 있는 거야. 게다가 마에하라와 아마노 둘 다 불가능하다고 생각하고 있지. 나라면 기꺼이 도전하겠네."

"이제 그만하세요."

히카리는 왠지 놀림을 받고 있다고 느꼈다.

"이봐, 나는 진심으로 말하는 거야. 포기하는 것은 이 일을 마친 뒤에 해도 늦지 않아."

"그렇지만 애초부터 불가능한 일이에요. 선생님은 한 푼도 들이지 않고 신생 바이오사가 다시 일어설 수 있다고 생각하세요?"

그러자 아즈미는 언제나 그랬듯이 이렇게 말했다.

"물론이지. 풀리지 않는 문제는 존재하지 않아."

아즈미는 소비뇽 블랑을 히카리의 잔에 따랐다.

"다시 한번 말하지. 마에하라나 아마노 조차 손을 떼고 달아난 일을 자네가 하게 되었네. 도전을 포기한다는 선택지는 이미 없어."

사실만 놓고 생각하면 아즈미의 말이 맞지만 어떻게 해야 좋을지 히카리는 전혀 알 수 없었다.

"선생님은 수십 년간 쌓은 지식과 경험이 있으니 그렇게 말씀하실 수 있는 거예요. 일을 시작한 지 5개월밖에 안된 저한테는 능력 밖의 일이에요."

그러자 아즈미는 고개를 가로저으며 이런 이야기를 했다.

"내가 젊었을 때는 지금보다 훨씬 뚱뚱했지. 건강 진단을 받을 때마다 의사에게 '여기가 안 좋다, 저기가 안 좋다'는 이야기를 듣다 급기야 '약을 먹어야 한다'는 말까지 들었다네. 할 수 없이 마트 장바구니에도 다 들어가지 않을 만큼의 많은 약을 먹게 되었어. 하지만 이후에도 검사 결과는 좋지 않았네. 그래서 의사인 친구와 의논했더니 그 친구가 이렇게 말하지 뭔가. '약을 끊고 하루 한 끼만 먹어'라고 말이야. 그래서 단단히 결심을 하고 체중을 10킬로그램 감량했어. 그랬더니 검사 수치가 전부 정상으로 돌아왔지."

하카리는 눈을 동그랗게 뜨고 아즈미의 이야기에 귀를 기울였다.

"나는 과식을 했던 거야. 식생활을 개선하지 않고 약으로만 치료하려 했으니 애초부터 불가능한 이야기였던 거지. 내 경험을 비추어볼

때 실적이 나쁜 기업은 모두 같은 과오를 되풀이하고 있어. 문제를 해결하려면 그런 악습을 단숨에 끊어야 해."

신생 바이오사의 악습

"확인 차 묻겠는데, 그 회사는 어떤 문제를 갖고 있다고 했지?"

히카리는 애용하는 노트를 펼쳤다.

"아마노 씨가 이 회사는 외상매출금과 재고자산, 각종 비용, 차입금이 너무 많은 게 문제라고 했어요."

히카리는 그 내용을 상세하게 설명했다.

"그렇군. 그래서 그중에 단절해야 하는 '악습', 그러니까 예전에 내가 했던 '과식'에 해당하는 것은 무엇이라고 생각하나?"

"전부 악습 아닌가요?"

히카리가 대답하자 아즈미는 고개를 가로저었다.

"본질적인 문제는 하나야. 비용 증가도 많은 차입금도 결과에 지나지 않아. 이 회사의 문제는 지나치게 많은 재고자산이야."

"그렇다면 재고자산이 증가하지 않도록 매입 수량을 조정하면 되지 않을까요?"

히카리가 말하자 아즈미는 또 다시 고개를 가로저었다.

"하루 이틀 단식을 해도 체중은 얼마 안 가 원래대로 돌아온다네. 마찬가지로 억지로 재고를 줄여도 금세 다시 늘어나게 돼 있어. 왜냐고? 신생 바이오사는 넉넉한 재고를 보유하는 방식으로 사업을 운영하고 있기 때문이야. 예전의 내가 하루에 네 번이나 배가 터지도록 먹었던 것처럼."

"신생 바이오사도 생활 습관을 바꿔야 한다는 말이군요."

"좋은 말이야! 재고자산은 경영관리 능력의 부족함을 덮어서 보이지 않게 만들어버리지. 즉, 재고를 줄이려면 재고관리 방법부터 바꿔야 하네."

"그러려면 컴퓨터로 하는 새로운 재고관리 시스템을 도입해야 할 텐데요."

히카리가 작은 소리로 말했다.

"하지만 정보 시스템에 추가 투자하는 것은 용납하지 않겠다고 쐐기를 박았지. 중국인 오너의 마음도 알 것 같긴 해. 신생 바이오사는 엄청난 돈을 막대한 재고관리를 위해 사용하고 있으니 말이야. 그럼에도 좋은 결과가 나지 않고 있지. 그러면 이제 어떻게 할 것인가?"

히카리는 이제 한계에 도달했다고 느꼈다.

"선생님. 정말로 컴퓨터 없이 재고관리를 할 수 있을까요?"

"물론 할 수 있지. 컴퓨터가 적절한 재고관리에 방해가 되는 존재라는 것은 신생 바이오사가 증명하고 있지 않나."

일류 경영 컨설턴트인 아즈미가 천연덕스럽게 말했다.

와인은 얼마나 수익을 낼 수 있을까?

"내가 왜 이 가게를 골랐는지 알겠어?"

"싸고 맛이 있어서 아닌가요?"

"자네의 메일을 받았기 때문이야. 이곳에 재고관리의 힌트가 있어."

"네? 그게 무슨 말씀이세요?"

그러자 아즈미는 자신이 갖고 온 와인을 집어들었다.

"아까 말한 대로 이 가게는 와인을 취급하지 않아. 만약 말이지, 다음 달부터 와인을 판매하게 된다면 어떻게 될까?"

"매출과 이익이 늘어나겠죠."

"그렇지. 하지만 수십, 수백 종이나 되는 와인의 재고를 정확하게 파악해야만 해. 이 경우 와인은 현금의 또 다른 모습이야. 예전보다 훨씬 많은 운전자금이 필요해지지. 게다가 와인쿨러도 비싸고 소믈리에도 고용해야 하네."

여기까지 듣고서야 히카리는 겨우 아즈미가 말하고 싶은 바를 이해할 수 있었다. 와인을 취급하지 않으면 그런 수고와 자금이 필요 없다. 그래서 이 레스토랑의 주인은 외부에서 와인을 가져오는 것을 허용하는 것이다.

창고에 있는 상품은 현금의 또 다른 모습

"신생 바이오사는 수백 가지나 되는 상품재고를 관리하고 있다고 했지. 즉 모든 상품이 입출고될 때마다 그 데이터를 컴퓨터에 입력해서 장부와 현물을 일치시킨다는 말이야. 일반적으로 재고관리를 정확하게 할 수 없게 되면 회사는 백이면 백 컴퓨터 시스템을 도입하고 싶어 하지. 수백만 엔, 수천만 엔, 아니 수억 엔을 들여서 말이야. 하지만 혼란에 빠진 창고를 컴퓨터로 가시화해서 무엇을 할 수 있단 말인가? 정말 중요한 것은 창고에 질서를 부여해 혼란을 없애는 거야."

아즈미는 화이트와인을 한 모금 마시고 이어서 말했다.

"히카리, 신생 바이오사는 수백 가지나 되는 상품을 관리하고 있네. 이 사실이 회사 경영에 어떤 문제를 일으키고 있는지 생각해본 적이 있나?"

"컴퓨터 시스템의 유지비나 인건비가 발생해 이익을 압박합니다. 그리고 상품을 장기간 묵혀두면 품질이 떨어지거나 손상되는 상품이 증가해서 재고평가액이 감소되거나 감모손실이 발생하기도 하죠. 그 결과 회사의 이익이 감소합니다."

히카리는 자신만만하게 대답했다. 하지만 아즈미에게는 불만족스러운 대답이었다.

"그 정도는 회계학을 배우기 시작한 대학생도 대답하겠군."

히카리는 아까 아즈미가 '비용 증가도 많은 차입금도 결과에 지나지 않는다'고 말한 것을 떠올렸다. 창고에 있는 상품은 현금의 또 다른 모습이다. 그 상품이 장기간 보관되어 있다고 한다면 거기에 투입된 현금은 얼어붙은 채로 있는 남극의 만년설이나 마찬가지다. 그러나 보관 비용은 계속 든다.

'그렇구나!'

"신생 바이오사에서 재고에 쓴 돈은 계속 쌓여 있을 뿐이지 새로운 가치를 창출하지 않습니다. 그래서 실적이 악화되어 빚을 갚을 수 없게 되는 거죠."

히카리는 목에 걸린 가시가 쓰윽 녹아내린 기분이었다.

"정답! 재무상태표의 왼쪽에 표시된 자산이 움직이지 않는 거지."

아즈미는 싱긋 웃었다.

실행 가능한 해결책을 찾아라

히카리는 아즈미가 말하고자 하는 바가 보이기 시작했다.

"재고가 쌓이는 원인을 찾아서 바로잡으면 되겠군요. 그렇게 하면 재고자산이 감소함에 따라 운전자금도 감소하고 결과적으로 차입금도 감소해요. 게다가 재고자산이 감소하면 관리 비용도 감소하겠죠."

"그 말이 맞긴 하지만 자네의 임무는 재고를 줄일 수 있는 방법을 알아내는 것 아니었나?"

히카리는 뒤통수를 맞은 것 같았다.

문제를 해결하는 방법을 내놓아도 실제로 적용해서 결과를 낼 수 없다면 의뢰인은 결코 수긍하지 않을 것이다. 히카리는 머릿속에 떠오르는 생각들을 아즈미에게 다 말해보았지만 어떤 것도 아즈미를 납득시키지 못했다.

"히카리. 어떻게 하면 컴퓨터를 쓰지 않고, 사람을 충원하지도 않으면서, 또 추가 비용을 들이지 않고 지금 있는 재고를 완벽하게 관리할 수 있을까? 자네의 의뢰인은 그 답을 내놓으라고 하는 거야."

히카리는 아즈미가 '완벽하게 관리한다'고 말한 것에 당황하면서도 이렇게 말했다.

"먼저 움직임이 없는 재고를 과감하게 처분해서 품종을 줄입니다. 그리고 움직이는 재고도 상시 보유하는 재고 수량(기준 재고량)을 줄이면 재고금액이 대폭 줄어들겠죠."

"실제로 움직이는 상품은 전체 상품의 10퍼센트 정도일 거야. 나머지 90퍼센트의 품목 수를 정리하자는 제안은 납득할 수 있어. 하지만 항상 움직이는 상품의 기준 재고량을 줄이면 업무에 지장을 주겠지. 그렇게 제안하면 경리부장은 귀를 기울일지 모르지만 오너는 흥미를 보이지 않을 거야."

"신생 바이오사의 오너가 수긍할 만한 방법이 있긴 한 걸까요?"

히카리는 또 우는 소리를 했다.

"비즈니스에는 필기시험 같은 절대적인 정답은 존재하지 않아. 하지만 주어진 조건 하에서의 정답은 존재하지. 즉, 신생 바이오사에도 정답은 있다는 말이지. 아직 내일 아침까지 충분한 시간이 남아 있네. 그 답이 무엇인지 찾아내게."

해고 당하지 않은 이유

다음 날. 니혼바시에 있는 신생 바이오사의 본사로 향하는 전철에서 무라니시는 계속 푸념했다.

"스가다이라 씨가 나와 같이 일하겠다고 한 거지?"

"선배님에게 실례되는 짓을 했어요."

"그건 상관없지만 말이야. 만약 이 프로젝트가 잘 되지 않으면 나도 타이거에서 자리가 없어질 거라고 아마노 씨가 못을 박더군. 나는 스가다이라 씨의 보호자라는 소리지."

"그 땡중이 할 법한 말이네요. 선배님을 말려들게 할 생각은 없었는데…… 정말 죄송해요."

히카리는 미안한 마음이 들었다.

"신경 쓰지 마. 타이거에 온 지 벌써 5년이야. 물러날 때도 됐지."

무라니시의 목소리는 쉬어 있었다.

"하지만 선배님은 5년 동안 해고 당하지 않았잖아요. 그건 일을 잘 해서 그런 거라고 생각해요."

"비행기 태우지 않아도 괜찮아. 이유는 분명해. 내가 타이거에 공헌하지도 않았지만 크게 실수하지도 않았기 때문이야. 그래서 아마노 씨는 나를 자를 수 없었던 거지. 다른 사람들은 너무 열심히 하려다 자기 무덤을 파서 그만둔 거야."

아마노의 변명

니혼바시 역에서 도보로 5, 6분 정도 떨어진 곳에 신생.바이오사의 본사가 있었다. 접수대에 놓인 전화로 도착했다고 연락하자 경영이사이자 경리부장인 곤노 아키라가 모습을 보였다. 그의 서먹서먹한 태도에 히카리는 불길한 예감이 들었다.

"이번 조사는 저희 전무님께서 딱 하루만이라고 하셨습니다."

"네? 사흘 아니었나요? 잠깐 실례하겠습니다."

히카리는 스마트폰을 꺼내 아마노에게 전화했다.

"그 건에 관해서는 지금 자네에게 연락하려던 참이었어. 그렇게 결정 났네. 열심히 해봐."

아마노는 여전히 남 일처럼 말했다.

“겨우 하루 만에 끝내라니 불가능합니다.”

“어떤 조건에서도 보고서를 완성하는 것이 프로야.”

히카리는 무슨 일이 일어났는지 이해할 수 있었다. 아마노는 처음부터 하루만 컨설팅을 한다는 전제로 이 일을 받은 것이었다. 그러면서도 진보평에게 성공적인 성과물을 제시하겠다고 보장했다. 애초부터 무리한 이야기였다.

“우리 회사의 개요입니다.”

곤노는 늘어지게 설명하기 시작했다. 하지만 설명이라고 해봤자 사전에 읽고 온 자료에 있는 것뿐이었다. 곤노가 대략적인 설명을 마치자 히카리는 준비해온 질문지를 곤노에게 건넸다. 하지만 그는 미꾸라지처럼 핵심을 벗어난 답변을 반복할 뿐이었다. 그런 식으로 아무것도 건지지 못한 채 조금밖에 없는 시간이 흘러갔다.

어느덧 점심 시간이 되었다. 곤노는 “1시 넘어서 오겠습니다”라고 하며 방에서 나갔다.

재고는 악인가

점심 시간이 끝나고 일을 다시 시작했지만 곤노는 모습을 보이지 않았다. 히카리는 제공받은 재무제표를 보면서 시간을 때울 수밖에 없었다. 곤노는 2시가 넘어서야 겨우 모습을 보였다.

"급한 일이 생겨서요. 죄송합니다. 질문이 있으면 답변하겠습니다."

오전에 비해 곤노는 어딘지 여유로워 보였다. 완벽하게 도망칠 수 있다고 생각했을 것이다. 하지만 히카리는 그때를 노리고 있었다.

"회사를 좀 둘러볼 수 있을까요? 끝나면 돌아겠습니다."

그러자 곤노는 "좋습니다. 다만 조건이 있습니다"라고 대답했다.

"연구실은 저도 출입금지여서 그곳은 들어가지 말아주십시오. 그리고 어떤 곳에서도 사진촬영은 금지입니다."

"알겠습니다."

히카리는 애용하는 노트를 들고 자리에서 일어나며 무라니시에게 말했다.

"선배님, 가시죠."

처음으로 간 곳은 상품창고였다. 창고에는 쭉 설치된 선반 위에 상품명이 인쇄된 상자들이 산더미처럼 쌓여 있었다. 어떤 상자는 찌그러져 있고 어떤 상자는 먼지가 허옇게 내려앉아 있었다. 오랫동안 출고되지 않았구나, 하고 히카리는 생각했다.

"재고가 상당히 많은 것 같은데 이유가 뭘까요?"

히카리가 질문하자 곤노는 쓴웃음을 지으며 대답했다.

"스가다이라 씨는 재고가 많은 것이 마치 악(惡)인양 말씀하시는군요. 비즈니스 경험이 없는 사람의 편견입니다. 다 이유가 있으니까 재고를 많이 가져가는 겁니다."

차분한 어조였다.

"그 이유를 가르쳐주실 수 있을까요?"

"좋습니다."

곤노는 재고관리 방식부터 설명하기 시작했는데, 내용은 대략 이랬다.

신생 바이오사의 상품은 전부 안티에이징 기능식품으로 크게 자사브랜드 제품과 타사브랜드의 OEM 제품으로 나뉜다. 자사브랜드 제품은 '뉴본아르간'이라는 상표명으로 백화점과 소매체인점에서 판매된다. OEM 제품은 브랜드 회사로부터 주문을 받아 생산해서 납품한다. 자사브랜드 제품은 200여 종이다. 한편 OEM 제품은 브랜드 회사의 사양에 따라 아르간오일과 비타민의 배합 비율, 용기, 포장용기가 제각각 다르고 잇달아 신제품이 등장하기 때문에 800여 종이 넘는다.

"자사브랜드 제품은 양판점에 납품하고 있습니다. 최근 안티에이징이 붐이어서 경쟁이 치열합니다. 그래서 연이어 신상품을 출시하지 않으면 매출이 줄어듭니다. 그리고 고객의 마음은 자주 바뀌어서 자신이 원할 때 재고가 없으면 더 이상 그 제품을 사지 않습니다. 그래서 상품재고가 표준 재고량 이하로 떨어지면 자동발주가 걸리는 시스템으로 운영됩니다."

고객의 수요가 다양화되어 있어 품종이 늘어났고 결품을 피하기 위해 재고를 보유한다는 것이다.

"알겠습니다. 그럼 OEM 제품은 주문생산이지요?"

"물론입니다."

"그럼 수주받은 상품은 전부 그쪽에서 살 테니 잔류 재고는 없다고 생각하면 될까요?"

히카리가 묻자 왜인지 곤노가 곤혹스러운 표정을 지었다.

"저쪽에 찌그러진 상자가 보입니까? 벌써 2년 전에 수주받은 상품입니다. 팔리지 않았지만요."

"OEM 제품도 불량재고가 있다는 말씀인가요?"

"뭐, 그렇지요. 가끔 브랜드 회사로부터 추가 발주를 받을 때가 있습니다. 우리 회사는 이른바 하청업체이니 납기를 넘기거나 결품이 나는 것은 용납되지 않습니다. 그래서 브랜드 회사의 기분을 건드리지 않게끔 넉넉하게 재고를 보유하고 있습니다. 이것도 재고가 많은 원인이겠죠."

무라니시의 결정적인 질문

그러자 그때까지 듣기만 하던 무라니시가 입을 열었다.

"원재료인 아르간오일은 아무나 살 수 있습니까?"

"모르시는군요. 아르간 열매는 북아프리카 모로코에서만 채집할 수 있어서 생산량이 한정되어 있습니다. 그래서 전 세계의 화장품제조사와 제약업체가 앞다퉈 사고 있죠. 우리 회사는 일찍부터 이 방면에 진출해서 다른 곳보다는 수월하게 넉넉히 구입할 수 있는 편이죠."

"귀사가 구입한 아르간오일은 제조위탁을 통해 상품으로 가공되나요?"

"그렇습니다."

"그러면 하나 여쭙겠습니다. 재무상태표상에는 재료 재고가 전혀 없었습니다. 그렇다는 것은 제조위탁처에 재료를 판매하고 있다는 말인가요?"

무라니시는 그 점이 마음에 걸렸다.

곤노는 "그렇습니다"라고 대답했다.

"그러면 재료 재고도 있어야 하지 않나요?"

히카리가 그렇게 의문을 나타내자 곤노는 발끈하며 대답했다.

"재료 재고가 제로인 것은 아르간오일을 구입하면 그대로 제조위탁처에 전부 판매하기로 되어 있기 때문입니다. 그리고 아르간오일은 귀중품입니다. 다른 곳에 팔려고 하면 원가의 3배에 팔 수 있어요. 그래서 전매를 해도 이익이 나지 않도록 제조위탁처에 원가의 4배 가격으로 팔고 있습니다. 비싸게 팔아도 우리 제품을 만드는 한, 이 재료비에 가공대금과 이익을 얹은 금액으로 우리 회사가 구매하기로 되어 있고 재료대금과 상계하고 있으니 제조위탁처에는 전혀 부담이 되지 않습니다."

다시 말해, 이런 것이다.

신생 바이오사는 아르간오일의 원료를 A사로부터 1억 엔에 구입함과 동시에 제조위탁처인 B사에 4억 엔에 매출 처리를 한다. B사는 아르간오일을 가공해서 건강기능식품을 생산해 가공대금 2억 엔과 이익 1억 엔을 얹은 7억 엔에 신생 바이오사에 판매한다. 신생 바이오사는 아르간오일의 매각대금 4억 엔과 건강기능식품의 매입대금 7억 엔의 차액 3억 엔을 제조위탁처에 지급한다(자료 17).

"그렇게 된 거로군요."

신생 바이오사의 뒷면

하지만 히카리는 어딘지 납득이 가지 않았다. 우선 신생 바이오사의 매출액에는 건강기능식품의 판매대금 말고도 제조위탁처인 B사에 판 아르간오일의 매출액이 포함되어 있다. 그리고 상품화된 아르간오일을 다시 신생 바이오사가 구매하고 있으니 손익계산서의 매출액은 사실 이상으로 과대 계상되어 있다.

그뿐만이 아니다. 제조위탁처에 아르간오일을 원가의 4배로 판매하고 있으므로 이익도 과대 계상되어 있다. 곤노의 논리를 이해하지 못하는 것은 아니지만 최종 형태의 제품인 건강기능식품이 팔리기 전까지는 이익으로 간주하면 안 된다. 즉 제조위탁처에 있는 재료와 상품창고에 잠들어 있는 상품에 포함되는 아르간오일의 이익으로 계

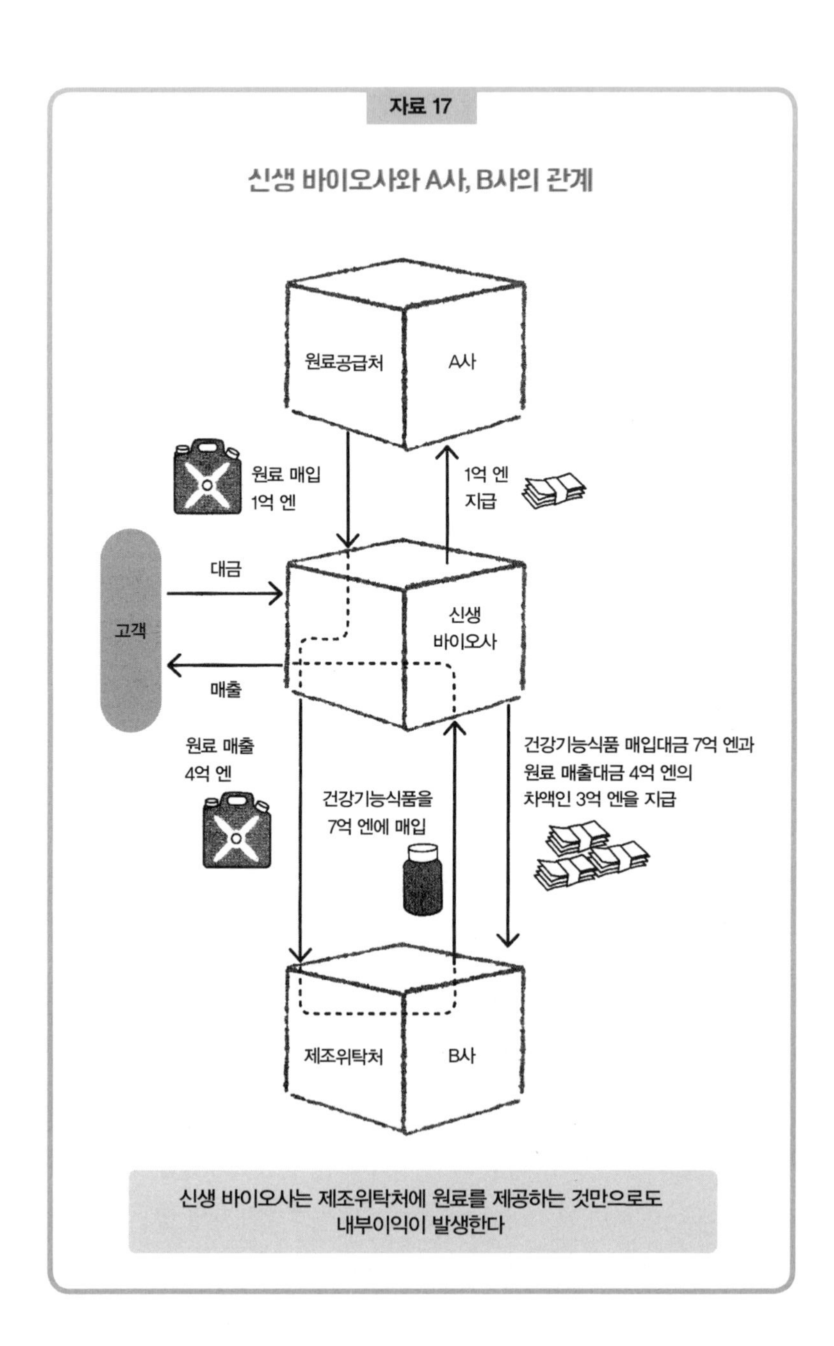
자료 17
신생 바이오사와 A사, B사의 관계
원료공급처
A사
원료 매입
1억 엔
1억 엔
지급
대금
고객
매출
신생
바이오사
원료 매출
4억 엔
건강기능식품을
7억 엔에 매입
건강기능식품 매입대금 7억 엔과
원료 매출대금 4억 엔의
차액인 3억 엔을 지급
제조위탁처
B사
신생 바이오사는 제조위탁처에 원료를 제공하는 것만으로도
내부이익이 발생한다

상되는 금액은 이익으로 처리할 수 없는 것이다.

'그렇군!'

히카리는 어떤 점을 알아차렸다. 그때까지 마음에 걸렸던 그 많은 외상매출금은 혹시 이익을 짜낼 목적으로 제조위탁처에 원료를 억지로 판매한 결과가 아니었을까?

무라니시의 질문으로 감춰져 있던 신생 바이오사의 뒷면이 보이기 시작했다. 아르간오일의 이익으로 계산된 금액을 감안해도 신생 바이오사의 실적은 겨우 흑자를 유지하는 정도다. 이 가설이 맞다면 재료 재고는 금액이 3배 더 부풀어 올라 외상매출금이란 모습으로 바뀌어 있다는 뜻이 된다.

조사 중단

"재고조사를 하려면 시간이 많이 걸릴까요?"

히카리는 재고관리에 표적을 맞추었다.

"하루종일 걸리죠. 제품 수량을 확인하는 작업이 끝나고 나서도 꽤 할 일이 많습니다. 재고 수량이 컴퓨터의 수량과 다른 경우 철저하게 그 원인을 밝혀내야 하니까요. 그 작업이 이틀쯤 걸립니다."

즉, 실제 재고 수량과 데이터상의 재고 수량이 일치하지 않는 것이다. 그래서 그 원인을 해명하기 위해 많은 수고를 해야 한다.

"그런데 재고상품은 어떻게 보관하나요?"

"자사 제품과 OEM 제품 모두 제품번호별로 관리합니다."

선반에 제품번호와 품명이 적힌 상품이 배치되어 있다는 말이다. 다시 말해, 제품번호와 품명을 보지 않으면 그것이 자사 제품인지 OEM 제품인지 알 수 없다.

곤노는 안절부절 못하며 연신 손목시계를 보았다.

"한 시간 뒤에 중요한 회의가 있습니다만."

"회의를 좀 늦출 수 없을까요?"

"그렇게는 못합니다. 우리 회사의 존망이 걸린 회의여서요."

"저희도 오늘밖에 시간이 없습니다."

무라니시는 필사적으로 곤노를 설득하려 했다.

"당신들을 상대할 시간이 없다니까요. 이제 그만합시다. 돌아가주십시오."

그렇게 말하고 곤노가 그 자리를 떠나려 했을 때였다.

히카리가 고노의 팔을 잡았다.

"한 가지만 더 가르쳐주세요. 왜 팔다 남은 상품이 있을까요?"

"아까 대답했지 않습니까! 상품이 부족해서 판매하지 못하는 경우를 방지하기 위해서입니다. 이제 됐지요?"

곤노는 히카리의 손을 뿌리치고 사무실로 돌아갔다.

이제 겨우 조사를 시작했는데 일방적으로 중지되었다.

"이게 마지막 일이 되었군."

무라니시는 어깨를 축 늘어뜨렸다.

"타이거에서 일한 지도 어느덧 5년이네. 왠지 눈 깜짝할 사이에 지나간 것 같아. 타이거 직원들에게 냉대 당하면서 말이야. 하루하루 겨우 버텨왔지."

"그렇게 상심하지 마세요."

"자네도 해고야. 그런데 신기할 정도로 태연하군."

하지만 히카리는 상심하기는커녕 한번 해보자는 의욕이 솟아났다.

"이 까다로운 문제, 풀 수 있을 것 같아요.

"돈을 들이지 않고도 즉각 신생 바이오사를 회생시킬 방도가 있다고? 그건 불가능한 일이야."

무라니시는 도저히 이해가 가지 않는다는 표정을 지었다.

"문제를 해결하는 열쇠는 재고예요."

히카리가 말했다.

"그럼 재고를 어떻게 해야 하지?"

"아직 거기까진 생각하지 못했어요. 하지만 꼭 이 어려운 문제를 풀고 말겠어요."

히카리는 스스로에게 그렇게 말했다.

재고자산 확인 작업을 없애는 방법

그로부터 일주일 동안 히카리와 무라니시는 재고자산에 초점을 맞춰 해결책을 검토했다. 월 매출의 5개월분에 해당되는 재고를 줄이면 관리 비용뿐 아니라 운전자금에 훨씬 여유가 생길 것이다.

"히카리, 웃지 말고 내 얘기 좀 들어봐."

무라니시는 창피하다는 표정으로 이런 질문을 했다.

"만약 말이지. 월말 재고가 없다면 재고자산을 확인하는 작업을 할 필요가 없지 않을까?"

히카리는 저도 모르게 손뼉을 쳤다.

"선배님, 대단해요! 그거 와인을 외부에서 가져오게 하는 레스토랑과 똑같네요. 요 전번에 아즈미 선생님과 외부에서 와인을 갖고 와도 되는 레스토랑에서 식사를 했었어요. 가게 입장에서 보면 와인을 매입하지 않아도 되니 재고관리를 할 필요가 없죠. 고객 입장에서 보면 좋아하는 와인을 조금만 마실 수도 있고요. 신생 바이오사를 외부 와인을 지참할 수 있는 레스토랑과 같은 시스템으로 바꾸면 적어도 월말 재고를 일일이 셀 필요가 없어져요."

"그렇군."

무라니시는 의기양양하게 고개를 주억거렸다.

하지만 히카리는 그 일이 그리 간단하지 않다는 점을 알아차렸다.

"신생 바이오사는 건강기능식품을 조달해서 판매하지만 그 레스토랑은 아예 와인을 취급하지 않아요. 아즈미 선생님의 힌트는 참고가 되었지만……."

다시 말해, 상품을 취급하면서 와인을 지참할 수 있는 레스토랑과 같은 효과를 낼 수 있는 구조로 변해야 한다.

히카리는 다시 생각에 잠겼다.

재고는 막대한 자금을 묶어두어 시간을 소모한다

1. 재고자산

《회계학 콘서트 1: 왜 팔아도 남는 게 없을까?》의 제3장 '참다랑어 초밥은 왜 이익을 올릴 수 없을까?'와 제8장 '낭비가 없고 제조 속도가 빠른 공장일수록 이익을 올린다'를 참조하자.

2. 드러커적 관점

재고에 관해 드러커는 다음과 같이 말했다.

"기존의 원가계산에서 최종 제품의 재고는 직접적으로 노동원가를 소비하지 않기 때문에 비용이 들지 않는다고 여겨졌으며, 더욱이 자산으로 취급되었다. 하지만 이 관점에 따르면 비용으로 설정되는 것이다. 활동기준 원가계산이나 새로운 원가계산 방식에서 최종 제품의 재고는 매몰 비용sunk cost(이미 발생했거나 지출했기 때문에 회수가 불가능하거나 용도를 바꿀 수 없는 비용)이다. 재고 상태의 제품은 아무것도 창출하지 못한다. 오히려 값비싼 자금을 묶어놓고 시간을 소모한다. 시간은 비용상 값비싼 것이다. 새로운 원가계산은 재고에 관해서도 그 편익을 시간 비용에 따라 평가 측정한다."

_《테크놀로지스트의 조건(청림출판, 2009)》

제8장

신생 바이오사의 가면을 벗겨라!

September

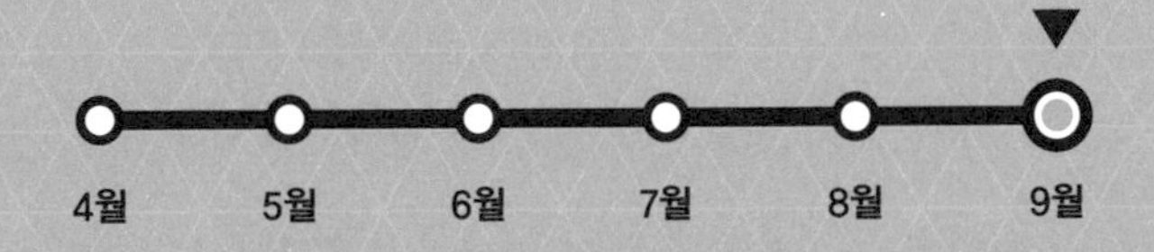

운명의 날

프레젠테이션 하는 날이 다가왔다.

오전 10시 정각.

프레젠테이션은 뉴욕컨설팅 일본지사의 임원 회의실에서 열렸다.

"마에하라 씨, 아마노 씨, 그리고 곤노 씨, 잘 부탁합니다."

진보평은 아무런 표정의 변화도 없이 그렇게 말했다. 진보평은 오늘의 발표에서 성과가 있기를 기대하고 있었다. 문제점이 확실하게 드러나면 그것을 돌파구 삼아 경영진을 갈아치울 심산이었다. 만약 별다른 성과를 얻지 못한다면 그때는…….

프레젠테이션은 아마노의 간단한 인사로 시작되었다.

"오늘은 진보평 회장님의 의뢰를 받아 제안서를 발표하게 되었습니다. 이번 컨설팅 목적은 컴퓨터를 이용하지 않고 추가 비용도 들이지 않으며 한 달 안에 현재의 과제, 즉 재고를 완벽하게 관리하여 수익성을 높이고 유이자부채를 축소하는 것입니다. 당연히 이 과제를 해결하는 것은 신생 바이오사에게 큰 의미가 있는 일입니다. 솔직히 말씀드리자면 정말 어려운 과제였습니다. 그러면 저희 회사의 컨설턴트가 프레젠테이션을 시작하겠습니다. 무라니시 씨."

아마노는 히카리가 아닌 무라니시를 지목했다. 무라니시가 일어나 컴퓨터의 아이콘을 클릭했다. 컴퓨터 화면에는 검은콩 같은 식물과 샐러드오일과 비슷한 액체가 든 유리용기가 나타났다.

"이것은 주성분이 아몬드와 비슷한 아르간이라는 식물의 열매에서 채집한 아르간오일입니다. 야생 염소가 나무에 올라 이 열매를 먹을 정도로 몸에 좋은 성분이 들어 있습니다. 원래 항산화작용이 뛰어난 식물인데 신생 바이오사의 '뉴본아르간'은 그 효과를 더욱 높인 제품입니다. 이 오일이 비싼 이유는 북아프리카의 아틀라스산맥에 있는 모로코에서만 채집할 수 있기 때문입니다."

갑자기 진보평이 초조해하며 소리를 질렀다.

"그런 설명은 필요 없네. 어떻게 하면 이 회사를 망하게 하지 않을 것인가. 그걸 알고 싶을 뿐이야."

무라니시는 "알겠습니다" 하고 프레젠테이션을 계속했다.

"신생 바이오사의 상품 라인은 크게 두 가지로 나뉩니다. 하나는 신생 바이오사의 자사브랜드 제품으로 이것은 백화점과 편의점, 화장품을 취급하는 양품점에서 판매됩니다. 또 하나는 타사브랜드인 OEM 제품입니다. 유명 브랜드사로부터 주문을 받아 생으로산 및 판매를 하는 것이죠. 자사 제품은 아르간오일의 함유량에 따라 10여 종, 용기 형태에 따라 20여 종으로 나뉘므로 전부 약 200여 종의 상품이 존재합니다. 한편 타사브랜드 제품은 회사마다 디자인, 배합, 용기, 포장상자가 다르기 때문에 800여 종이 넘습니다. 따라서 관리해야 하는 재고 종류는 1천 종 이상입니다."

무라니시는 여기까지 단숨에 설명하고 나서 물을 한 모금 마셨다.

"본 건의 최대 과제는 재고가 많다는 점입니다. 그러면 왜 재고가 계속 증가하는 것일까요? 먼저 자사 제품부터 설명하겠습니다. 한마디로 제품이 부족해서 판매하지 못하는 사태를 방지하기 위해서입니다. 결품이 발생하지 않도록 항상 모든 종류의 상품을 넉넉하게 재고로 보유하기 때문이죠. 또 제조위탁처에도 넉넉하게 발주를 합니다. 재료가 없어서 생산에 지장을 주지 않게 하기 위해 항상 좀 더 많은 재고를 보유하고 있습니다."

"그런 건 이미 알고 있어!"

진보평이 소리쳤다.

무라니시는 동요하지 않고 설명을 계속했다.

"타사브랜드 제품의 재고금액이 많은 것은 자사 제품과는 다른 이유 때문입니다. 상품 디자인과 사양, 수량, 판매기간은 전부 거래처와 계약을 맺어 확정하므로 원래 팔다 남은 재고가 없어야 정상입니다. 그런데 현실을 보면 많은 상품이 창고에서 잠들어 있습니다. 그 이유도 제품을 지나치게 많이 만들기 때문입니다. 따라서 이 과잉 재고를 없애는 것이 신생 바이오사를 회생시킬 열쇠입니다."

무라니시는 인사를 하고 연단에서 내려왔다. 그러자 진보평이 일어나 마에하라에게 이렇게 외쳤다.

"잠깐 기다려! 나는 유망한 상품을 보유한 신생 바이오사의 실적이 왜 악화되었는지 알고 싶단 말일세. 그걸 알지 못하면 신생 바이오사는 회생하지 못해. 그래서 컨설턴트에게 일을 의뢰한 거야. 그리고 애당초 신생 바아오사 이야기를 나한테 한 것은 마에하라 씨, 당신이었어. 이런 거지 같은 회사를 사도록 만든 것도 당신이었다고!"

진보평은 흥분한 나머지 중국어를 섞어가며 퍼부어댔다.

"거지 같은 회사라니 그냥 넘길 수 없는 말이군요."

이렇게 말하며 일어난 것은 신생 바이오사의 곤노였다.

"진보평 회장님, 당신들은 돈만 있으면 뭐든지 가질 수 있다고 생각하시나보군요. 이 회사는 우리가 피땀 흘려 일구었습니다. 회사의 주인은 당신이지만 여기서 일하는 사람들의 영혼까지 사진 못합니다."

"말을 삼가게. 이 회사의 오너는 나야. 지금 당장 임시 주주총회를 열어서 자네들을 해임하겠어."

예상 밖의 전개에 마에하라와 아마노는 아무 말도 하지 못했다.

마에하라의 변명

그런 식으로 옥신각신하는 사이 진보평의 칼끝은 무라니시와 히카리를 향했다.

"무슨 말이든지 해보게. 이런 게 무슨 프레젠테이션이야! 내가 의뢰한 점에 답을 내놓지 못했잖아. 당신들이 그런 태도로 나간다면 좋아. 나한테도 생각이 있어."

"그, 그 생각이라는 게……."

마에하라가 주저주저 물었다.

"잊었나? 나에게 자네를 소개한 사람은 민자당의 사야마 슈조 선생이야."

"사야마 선생님께 일러바칠 생각이십니까?"

"내가 어린애인가? 그런 짓을 하게."

"그럼……."

"사야마 선생을 중국과의 우호의원 연맹에서 제명하도록 압력을 가하겠네. 선생에게 자네들 같은 무책임한 컨설턴트를 소개해준 책임을 묻겠어."

진보평은 기관총처럼 쏘아붙였다.

"이번 컨설팅에 소요된 시간은 겨우 하루였습니다. 그런 조건에서 완벽한 개선책을 제안하라고 하시면……."

마에하라의 변명은 진보평을 점점 더 화나게 할 뿐이었다.

"그건 말도 안 되는 소리야. 당신은 약속을 했고 나는 그 약속을 믿었네. 얼마나 시간을 들였느냐는 문제가 되지 않아. 유능한 컨설턴트라면 단숨에 문제를 꿰뚫어봤을 거야."

진보평의 입술이 바르르 떨렸다.

혼신의 프레젠테이션

"내게 50억 엔이라는 돈은 자네 두 사람의 목숨보다 큰 가치가 있어."

답답한 기운이 회의실을 짓눌렀다. 마에하라와 아마노는 꿀 먹은 벙어리로 있을 뿐이었다. 하지만 진보평은 기세를 늦추지 않고 공격을 계속했다.

"이건 협박이 아니야!"

그렇게 말하며 진보평은 스마트폰의 통화 버튼을 눌렀다.

발신음이 들리더니 이내 한 남자의 목소리가 들려왔다.

"사야마 슈조 사무실입니다."

"선생은 계신가?"

"어디신가요?"

"진보평이라고 하면 알거야."

그러자 전화를 받은 남자의 어조가 확 바뀌었다.

"진 선생님, 대단히 죄송합니다. 잠시만 기다려주십시오."

그러자 다급해진 마에하라가 두 손을 모으고 불단 앞에서 비는 듯한 자세로 말했다.

"해결책은 있습니다. 그러니 사야마 선생님께는 제발……."

"그걸 빨리 말했어야지."

그렇게 말하며 진보평은 스마트폰을 끊었다. 그러자 마에하라 대신 아마노가 사람들에게 이렇게 말했다.

"이제부터는 스가다이라 씨가 설명하겠습니다."

뜻밖의 말에 히카리가 멍하니 있자 무라니시가 속삭였다.

"히카리. 나한테 가르쳐준 와인 레스토랑 이야기를 해봐."

"알았어요. 해보죠……."

히카리는 심호흡을 하고 나서 천천히 이야기를 시작했다.

"제 은사님이 이렇게 말씀하셨습니다. 과식을 하니까 건강을 해치는 것이라고요. 그러니 건강하고 싶다면 과식하지 않으면 됩니다."

"여긴 병원이 아니야."

아마노가 나지막이 히카리를 나무랐다. 하지만 진보평은 흥미가 생긴 듯했다.

"아하, 좋은 말이군. 그러니까 과식한 결과가 비만이다, 이거지?"

그러자 히카리는 크게 고개를 저었다.

"아뇨, 그 정도로 끝나지 않습니다. 혈당치가 올라가 콜레스테롤 수치도 상승하고 몸이 엉망진창이 되죠. 회사도 그렇습니다."

"알았어. 신생 바이오사는 재고가 너무 많이 쌓여서 생산성이 떨어져 적자가 되고 차입금이 부풀어 올랐다는 말이로군."

"그렇습니다."

히카리의 얼굴에 미소가 피어났다. 그러자 아마노가 입가를 일그러뜨리며 딴죽을 걸었다.

"스가다이라 씨, 경영컨설턴트라면 좀 더 논리적으로 설명해야지."

"아마노 씨, 그럼 당신은 이 아가씨와 다른 '논리적인 개선안'을 갖고 있다 이 말이지? 어디 한번 들어보지."

진보평은 슬쩍 미소 지었다.

"그, 그건 말입니다. 시스템을 교체해서 컴퓨터로 재고를 완벽하게 관리하면 됩니다."

그러자 진보평은 불만스럽게 아마노에게 말했다.

"자네 사람 말을 못 알아듣는군. 이번 제안은 컴퓨터를 쓰면 안 된다고 몇 번 말했나. 사람 손으로도 관리할 수 없는데 어떻게 제대로 컴퓨터로 관리한단 말인가."

"지당하신 말씀입니다."

"가르쳐주게. 어떻게 하면 컴퓨터를 사용하지 않고 재고를 완벽하게 관리할 수 있는지 말이야. 마에하라 씨, 아마노 씨, 난 보수를 1억 엔이나 지불했어. 그러니 공짜로 가르쳐줘도 벌 받지 않는다고."

진보평이 그렇게 말하자 마에하라와 아마노는 마주본 채 꿀 먹은 벙어리가 되었다.

히카리의 해결안

"답변하겠습니다."

이렇게 말한 것은 히카리였다.

"돈을 쓰지 않고도 재고관리를 완벽하게 할 수 있습니다. 추가 설비 투자도 필요 없고 일손이 대폭 줄어들며 결산 시 재고자산을 확인하는 작업이 1분도 걸리지 않게 됩니다."

"마술을 하는 것도 아니고 있을 수 없는 일이야."

곤노는 짜증을 감추려 하지 않았다.

하지만 진보평은 히카리에게 흥미가 생긴 모양이었다.

"재미있군. 자네의 제안을 들어보지."

그렇게 말하며 진보평은 경청할 채비를 했다.

히카리는 일어났다.

"아까 무라니시 씨가 보고했듯이 신생 바이오사의 상품은 자사브랜드 제품과 유명 브랜드사와 계약을 맺어 제조판매를 하는 특주품으로 분류할 수 있습니다."

"그건 알고 있어. 그래서 어떻게 하면 된다는 건가?"

"둘 다 월말 재고가 없도록 하면 됩니다. 그렇게 하면 재고조사를 할 필요도 없고 재고금액을 평가할 필요도 없습니다."

"이론적으로는 그렇겠지. 문제는 어떻게 하면 재고를 제로로 만들 수 있는가 하는 거야. 스가다이라 씨라고 했지? 여기 있는 사람들이 모두 수긍할 만한 설명을 해주게."

그러자 히카리는 이렇게 설명했다.

"자사브랜드 제품의 아이템 수는 200개입니다. 그중에는 월 1~2회밖에 움직이지 않는 상품, 또는 몇 번밖에 움직이지 않는 상품도 있습니다."

“어째서 외부인인 당신이 그런 것을 알 수 있지?”

곤노가 신기하다는 듯이 물었다.

“창고입니다. 먼지를 뒤집어쓰고 있는 상자, 기울어진 채로 높이 쌓아올려진 상자, 찌그러진 상자들을 보면 알 수 있습니다.”

“왜 그런 일이 일어나는 거지?”

진보평이 질문했다.

“바로 자동 발주가 걸리기 때문입니다. 신생 바이오사는 모든 상품에 일정 수량을 기준 재고로 정해서 보유하게 되어 있습니다. 재고가 기준 수량을 밑돌면 자동적으로 발주가 걸리는 시스템이죠. 예를 들어 1년에 몇 번밖에 팔리지 않는 상품이라도 재고가 기준 수량 이하로 떨어지면 자동적으로 보충됩니다. 더구나 이 기준 재고량은 최근 몇 년 동안 한 번도 재검토되지 않았습니다.”

그러자 곤노가 입을 열었다. 화제를 다른 곳으로 돌리고 싶은 의도에서였다.

“그런 것은 이미 다 알고 있습니다. 그래서 도대체 해결 방법이 뭡니까, 아가씨?”

“2단계로 생각해야 합니다. 1단계는 상품 종류를 지금의 10퍼센트 정도로 줄이는 것입니다.”

“아무것도 모르는군. 그런 짓을 하면 고객에게 외면 당할 게 뻔해.”

재고를 제로로 만드는 방법

히카리는 동요하지 않고 질문을 계속했다.

"자사브랜드 제품의 상위 10퍼센트가 전체 매출액을 점유하는 비율은 어느 정도인가요?"

"90퍼센트 정도입니다. 그게 어쨌다는 거죠?"

"손익계산서를 보면 매출총이익률은 약 30퍼센트입니다. 그렇다면 상품을 매출 상위의 10퍼센트, 즉 20종류로 줄여도 매출액은 10퍼센트 정도밖에 감소하지 않고 매출총이익도 3퍼센트 감소할 뿐입니다. 반면 재고관리에 필요한 수고는 90퍼센트나 감소하게 됩니다."

"그렇게 한다 해도 월말 재고가 20종류나 남아 있지 않나요? 재고를 제로로 만들지는 못해."

곤노의 입술이 떨렸다.

하지만 히카리는 자신 있게 대답했다.

"월말 재고자산을 확인하기 전에 재고상품을 전부 제조위탁처에 반품하면 됩니다. 그렇게 하면 재고는 제로가 되지요."

"그런 일을 할 수 있다면 벌써 예전에 했어."

곤노가 내뱉듯이 말했다.

"그것은 애초부터 반품이 불가능하다고 생각하기 때문이에요. 자사브랜드 제품의 거래 조건을 정할 때 판매하다 남은 상품은 반품할 수 있도록 계약하면 됩니다."

"무슨 말을 하는 거야. 이래서 아마추어와는 얘기가 안 된다니까. 마에하라 씨, 아마노 씨, 이 아가씨한테 뭐라고 좀 해봐요."

"스가다이라 씨, 자네는 해고……"라고 마에하라가 말하려던 차였다.

진보평이 입을 열었다.

"의뢰인은 나야. 스가다이라 씨, 이야기를 계속해보게."

히카리는 살짝 고개를 끄덕였다.

"자사브랜드 제품인 건강기능식품은 신생 바이오사의 제조법에 따라서 특정 제조위탁처에서 제조하고 있으며 타사에 판매하는 것이 금지되어 있습니다. 그렇다면 월말에 반품처리를 해도 전혀 불이익이 없고 월초에 다시 구매하면 되지요. 재고가 없어지면 재고 조사를 실시할 필요도 없습니다."

진보평이 입을 열었다.

"품종을 줄여서 결산 시에 전부 반품하면 자사브랜드 제품의 재고를 확인하지 않아도 된다. 그리고 조금씩 자주 발주하면 일일 재고가 급격히 증가하지도 않겠군. 이 방식은 자사 제품 이외의 상품에도 적용할 수 있겠어."

곤노의 도발

하지만 곤노는 그 제안이 탐탁지 않았다.

"자사브랜드 제품은 간단히 할 수 있죠. 하지만 OEM 제품은 그렇게 간단하지 않습니다. 그래도 할 수 있다 이건가요?"

"물론 가능합니다."

"알긴 아는 건가? 주문생산품은 반품할 수 없습니다. 그리고 특주로 만든 포장자재는 어떻게 할 건가요? 설마 그것도 반품하라고 하는 건 아니겠죠?"

곤노는 자신의 방식을 부정하는 히카리를 용서할 수 없었다. '이 자리에서 밟아주리라' 하고 생각했다. 하지만 히카리는 그런 곤노의 도발에도 흥분하지 않았다.

애당초 너무 많이 구매한 것이 문제였다. 특주품과 그 포장자재를 거래처로부터 주문을 받은 만큼만 조달하면 된다. 필요 이상으로 구매한 재고품은 추가 수주가 없는 한 팔리지 않는다. 더구나 추가 수주는 거의 발생하지 않는다. 남은 수주품과 포장자재는 언젠가 폐기처분된다. 하지만 폐기되기 전까지는 재고자산으로 취급되므로 비용으로 계산되지 않는다. 즉, 폐기하거나 평가액을 감액하기 전까지는 손익계산서상에 표시되지 않는다. 직접적인 타격을 느끼지 못하기 때문에 팔다 남은 수주품과 포장자재가 창고를 차지하는 것이다.

비용절감의 함정

"아마노 씨, 문제는 왜 이런 사태가 되었느냐는 것이네."

진보평이 물었다.

"그, 그건 말이지요. 스가다이라 씨, 내가 뭐라고 가르쳐줬지? 어서 말씀드려."

히카리는 쓴웃음을 지으며 설명했다.

"안타깝게도 이번 조사에 부여된 시간은 하루밖에 없었습니다. 그러므로 지금부터는 제가 세운 가설이라는 점을 미리 양해 부탁드립니다."

진보평은 말없이 고개를 끄덕였다.

"수주품의 용기와 포장자재가 남는 이유는 두 가지입니다. 하나는 추가 수주를 예상해서 넉넉하게 발주하기 때문입니다. 또 하나는 OEM 공급을 하는 브랜드 회사에 제출하는 견적서의 가격을 낮추려고 하기 때문입니다. 영업부는 판매단가를 인하함으로써 확실하게 주문을 따고 싶어 하죠. 하지만 매입 수량이 적으면 재료비 단가가 높아져서 이익을 얻을 수 없습니다. 회사가 정한 목표 이익률을 달성하려면 원재료, 포장자재, 용기, 외주가공대금의 단가를 끌어내려야만 합니다. 그래서 대량으로 구매한다는 것이 제 생각입니다."

진보평이 입을 열었다.

"과연, 거래처가 주문한 양만 매입하면 로트가 적어서 채산이 맞지 않는군. 반면 위탁처에 대량으로 발주하면 제조 비용을 인하할 수 있고, 용기나 포장자재의 매입가를 인하할 수 있다는 말이군……."

"하지만 수주한 수량보다 상품을 더 많이 판매하진 못합니다. 그래서 재고가 쌓이게 되는 것이죠."

재고를 완벽하게 관리하는 방법

"곤노 씨, 반론할 수 있나?"

"논리적으로는 맞는 말입니다. 하지만 어떻게 해서 수주품의 재고를 없앤단 말입니까? 그것도 컴퓨터를 사용하지 않고 제로로 만든다니 꿈같은 이야기입니다."

"스가다이라 씨, 어떤가? 할 수 있나?"

진보평은 이 프로젝트의 중심 인물이 아마노도 아니고 무라니시도 아닌 히카리임을 깨달았다.

"굳이 이렇게 질문하지. 창고에 있는 상품재고가 수주품이라는 것을 어떻게 구분할 수 있나? 더구나 그것들이 팔다 남은 상품인지 출하 대기 상태의 상품인지 외형을 봐서는 알 수 없어. 그래서 컴퓨터로 처리하려고 하는 게 아닌가?"

히카리는 고개를 가로저으며 이렇게 대답했다.

"하지만 돈을 들여서 도입한 재고관리 시스템이 제대로 기능하고 있지 않습니다. 이유는 분명합니다. 사람이 직접 관리할 수 없을 정도로 창고에 질서가 없기 때문이죠."

곤노는 불쾌하다는 듯이 말했다.

"그게 지금의 신생 바이오사의 실력이라고 말하고 싶은 거로군요. 스가다이라 씨, 그렇게까지 말하는 이상 내가 무엇을 해야 하는지 가르쳐주시죠. 당신이 말하는 완벽하게 재고를 관리할 수 있는 방법을 말입니다."

"나도 꼭 듣고 싶군. 당신도 그렇게 생각하지 않나?"

느닷없이 자기 이야기가 나오자 마에하라는 어색하게 "그렇습니다" 하고 대답했다.

히카리는 칠판에 창고에 보관되어 있는 수주품과 스가다이라 히카리라고 적혀 있는 이름표를 그렸다.

"이렇게 하면 됩니다. 수주품의 선반과 자사브랜드 제품의 선반을 별도로 나눕니다. 그리고 수주품 선반은 영업 담당자별로 이름표를 달아놓습니다. 이렇게 하면 누가 조달한 수주품인지 한눈에 보입니다. 말할 것도 없지만 그 재고들은 전부 판매되어야 합니다. 다시 말해 창고 선반에 보관되어 있는 상품은 출하 대기 재고상품만 있어야 합니다. 그러려면 영업부장님이 매일 창고에 가서 창고의 상황을 확인해야 합니다. 며칠이 지나도 꼼짝하지 않는 수주품이 있다면 그때마다 영업 담당자에게 그 이유를 질문해야 하니까요."

"아하, 그렇게 하면 영업 담당자가 필요 이상의 발주를 했는지 한 눈에 알 수 있겠군. 컴퓨터를 사용하지 않고도 완벽하게 재고를 관리할 수 있는 방법이야. 잘 알겠네."

진보평은 크게 고개를 끄덕였다.

그쯤 되자 마에하라도 히카리를 달리 보기 시작했다.

"그 방법을 어떻게 생각하게 되었지?"

마에하라가 물었다.

"와인을 갖고 갈 수 있는 레스토랑에 갔을 때, 어떤 분이 가르쳐주셨습니다."

"와인? 혹시 아즈미 선생님 말인가?"

히카리는 살짝 미소 지을 뿐 아무 말도 하지 않았다.

진보평이 일어나 입을 열었다.

"자사브랜드 제품을 반품할 수 있게 해서 월말 재고를 '0'으로 만들면 신생 바이오사는 번거로운 월말 재고자산 확인 작업을 실시하지 않아도 된다. 그리고 수주품의 자재는 스가다이라 씨가 말한 대로 다소 원가가 높아도 주문 수량만큼만 구입해야 한다. 견적서를 작성하는 단계에서 적자가 나온다면 애당초 수주를 받지 말아야 한다. 그렇게 규칙을 정해도 그 규칙을 어기는 영업 담당자가 꼭 있겠지. 그러므로 영업부장이 매일 창고에 가서 담당자별 수주품 선반을 확인한다. 이 방식대로 하면 확실히 컴퓨터가 없어도 재고를 완벽하게 관리할 수 있겠군. 훌륭한 생각이야."

진보평은 무의식적으로 박수를 쳤다.

"감사합니다."

히카리의 얼굴에 웃음꽃이 피었다.

진보평의 윗옷 주머니에서 스마트폰 착신음이 들려왔다. 정치가 사야마 슈조였다. 진보평은 통화 버튼을 누르고 모든 이가 들을 수 있도록 큰 소리로 말했다.

"사야마 선생님. 아까 일 말입니다만 좋은 컨설팅 회사를 소개해주셔서 감사의 말씀을 드리려고 했습니다. 과연 뉴컨입니다."

곤노의 반격

그때였다. 곤노가 입가를 부들부들 떨며 히카리에게 덤벼들었다.

"과연 수재는 생각 자체가 다르네요. 논리적으로는 알겠습니다. 하지만 누가 이렇게 귀찮은 일을 할까요? 나는 하기 싫어요. 아끼는 부하직원들에게도 그런 일을 시키고 싶지 않습니다. 회사를 위해 연구나 영업에 집중하게 하고 싶단 말입니다. 그리고 착각하는 것 같은데 신생 바이오사의 진짜 경영자는 나예요. 주식만 잔뜩 갖고 있는 진 회장님이 아니야."

"진짜 경영자라면 회사가 존속할 방법을 생각해야 합니다."

"무슨 말을 하고 싶은 거요?"

곤노는 히카리를 노려보았다.

"이번 컨설팅의 목적이 아니어서 발언을 삼갔습니다. 하지만 상품재고가 계속 증가하는 진짜 이유는 따로 있습니다."

"말해보게."

진보평이 말했다.

"자네가 책임지고 발언하는 것이라면 상관없어. 뭐, 혼잣말인데 말릴 이유가 없지."

마에하라는 그렇게 말하며 사실상 히카리의 발언을 허용했다.

히카리는 심호흡을 하고 나서 설명을 시작했다.

상품재고가 증가하는 진짜 이유

"신생 바이오사의 과제는 과다한 외상매출금과 재고자산, 시스템 관련비, 연구개발비, 인건비, 유이자부채입니다. 앞서 말씀드린 대로 재고관리 방식을 바꾸면 재고와 시스템 관련비는 현저하게 감소할 것이고 유이자부채도 감소하겠죠. 하지만 곤노 씨가 분식회계를 계속하는 한 아마도 재고는 줄어들지 않을 것입니다. 애초에 왜 외상매출금이 많고 상품재고가 창고에 넘쳐나는가 생각했어야 합니다.

신생 바이오사는 불로장생의 건강기능식품을 만드는 회사로 주목을 받고는 있지만 실은 모회사인 파스퇴르사는 그런 기대를 하지 않았습니다. 파스퇴르사는 구조조정의 일환으로 실패한 프로젝트를 갖다버리기 위해서 안티에이징 부문에 연구자와 관리자를 한 데 모아 별도 회사로 분사시킨 것입니다.

게다가 신생 바이오사의 연구개발비에는 파스퇴르사의 연구위탁비가 포함되어 있었습니다. 이것이 연구개발비와 인건비가 많이 드는 이유입니다. 신생 바이오사의 직접적인 매출액은 30억 엔, 영업이익은 9천만 엔이었습니다. 하지만 실제로는 적어도 2억 엔 이상의 적자일 겁니다."

"그런 중요한 사항을 추측성 발언으로 하면 곤란합니다."

곤노가 낯빛을 바꾸며 반론했다.

"장부를 보여주시면 1엔 단위까지 정확하게 계산할 수 있습니다."

"계속 이야기해봐."

진보평이 재촉했다.

허위 이익

"신생 바이오사는 공장을 보유하고 있지 않습니다. 제조위탁처인 무쓰푸드에서 가공한 건강기능식품을 매입해서 판매하죠."

히카리는 원료인 아르간오일을 무쓰푸드에 원가의 4배 가격으로 매각하고 완성된 건강기능식품을 다시 매입해서 외부에 판매하고 있다고 이야기했다.

"즉, 손익계산서상의 30억 엔 중에는 건강기능식품의 외부 매출뿐 아니라 무쓰푸드에 원료를 판매한 대금도 포함되어 있다는 거로군."

진보평이 묻자 히카리는 "그렇다기 보다는 신생 바이오사는 무쓰푸드와의 거래로 이익을 짜내고 있는 것입니다. 더구나 건강기능식품 매출보다 재료 매출이 더 큽니다"라고 대답했다.

풀어서 설명하면 다음과 같다. 1억 엔의 아르간오일을 무쓰푸드에 4억 엔에 팔고, 그대로 결산을 할 경우 상품 원가에는 3억 엔의 허위 이익이 포함된다. 게다가 상품인 건강기능식품은 전부 무쓰푸드에서 매입한 것이므로 상품 매입 원가에도 허위 이익이 섞여 있다.

"곤노 씨, 상품재고는 얼마나 되나?"

진보평이 서슬이 시퍼런 어조로 물었다.

"12억 엔 정도입니다."

곤노는 모기만한 소리로 대답했다.

"즉, 5억 엔 가까운 이익이 부풀려져 있다고 생각됩니다."

히카리가 대답했다.

진보평의 어깨가 축 처졌다.

"아르간오일을 사용한 불로장생의 약이라고 홍보해 한때는 주목을 받기도 했지만 실은 아르간 열매를 가공한 기름일 뿐이었습니다. 차별화된 특징이 전혀 없는 이 오일을 불로장생의 비약이라며 판매하려 했지만 결국 재고가 점점 쌓여갔지요. 그래서 파스퇴르사는 신생 바이오사를 매각할 목적으로 곤노 씨에게 분식결산을 지시했습니다. 적자인 상태에서는 아무도 회사를 사려고 하지 않을 테니까요."

"그 수법에 내가 보기 좋게 걸려든 거로군."

진보평의 입가가 부들부들 떨렸다.

에필로그

히카리의 선물

아즈미가 선택한 곳은 유락쵸에 가까운 나카도오리 거리에 있는 바였다. 히카리는 계단을 내려가 묵직한 문을 열었다. 가게는 생각보다 넓었다. 구석 자리에 아즈미가 앉아 있었다.

"소원대로 뉴컨의 정규직이 되었어요. 다 선생님 덕분입니다."

히카리가 고개 숙여 인사했다.

"프레젠테이션을 상당히 잘했다면서?"

아즈미는 누구에게 들었는지 그날 일을 알고 있었다.

"누구한테 정보를 들으셨어요?"

"마에하라야. 전에도 말했지만 그는 내 제자였지. 자네를 뉴컨으로 돌아오게 했다고 내게 연락했다네. 그 얌전한 사람이 웬일로 들뜬 목소리로 자네를 칭찬하더군."

"진보평 씨라는 중국인이 이 일의 의뢰인이었어요. 50억 엔이나 투자했는데 결국 전부 잃었어요."

그러자 아즈미는 재킷의 안주머니에서 막 발매된 잡지에서 오린 기사를 꺼내 히카리에게 보여주었다.

"이 사람이 진보평인가?"

기사에 나온 얼굴은 확실히 진보평이었다.

"구속 당한 모양이야. 이것으로 마에하라는 고소 당할 걱정은 없어졌군."

잡지 기사에는 이렇게 쓰여 있었다.

> 지방정부의 돈을 유용한 진보평은 장래 유망하다고 생각한 일본 기업에 투자했다. 그러나 투자에 실패한 사실이 드러나 본국으로 강제 송환되었다…… (하략).

"언젠가 외국으로 이주해서 회사를 경영하고 싶었던 모양이야. 그래서 횡령한 돈으로 신생 바이오사를 매수한 거지."

"그렇군요. 와인 시음이나 외부에서 와인을 지참할 수 있는 레스토랑 이야기를 듣지 않았더라면 지금쯤 저는 목이 날아갔을 거예요."

"목은 붙어 있었을지 모르지만 무라니시 군과 콤비를 계속했겠지."

아즈미는 껄껄 웃었다.

"아마노는 어떻게 되었지?"

"뉴컨의 사외이사 자리에서 해임되었다고 해요. 그리고 뉴컨은 더 이상 타이거에 연수생을 보내지 않기로 했다고 들었어요."

"마에하라답군."

아즈미가 중얼거렸다.

"근데 참 이상하죠. 아마노 씨를 그렇게 싫어했는데 왠지 불쌍해요."

히카리는 혹시 아마노가 자신을 키워주려고 일부러 그랬는지도 모른다는 생각이 들었다.

"자네가 성장했다는 증거야. 그보다 그 꾸러미는 뭐지?"

아즈미는 히카리 옆에 놓인 길쭉한 종이봉투가 무엇인지 궁금했다.

"감사의 표시로 가져왔어요. 가까운 와인 가게에서 샀어요."

그것은 차가운 샴페인이었다.

"언젠가 선생님이 어떤 때에도 샴페인은 마시는 사람에게 희망을 준다고 하셨죠. 그래서 골랐어요."

"이거, 기쁘군."

아즈미는 봉투에서 샴페인을 꺼냈다. 꾸베 루이즈, 세계 3대 샴페인 중 하나인 뽀무리사의 최고급 샴페인이었다.

"적당히 차갑군. 사양하지 않고 받겠네."

길고 좁은 샴페인 잔에 호박 색 액체가 들어갔다. 무수한 작은 기포가 방울방울 올라왔다.

"그런데 무라니시 군도 뉴컨으로 복귀했나?"

"아니요. 어제도 '내가 돌아갈 때까지 뉴컨을 그만두지 말고 있어' 라고 하더군요."

"그래서 뭐라고 대답했나?"

"그리 오래 기다리지는 못할 거라고 했죠."

히카리는 후훗 웃었다.

"그는 반드시 돌아갈 거야."

아즈미는 진심으로 그렇게 생각하는 것 같았다.

"자네의 불가능을 향한 도전과 빛나는 앞날을 축복하며 건배하지. Here's looking at you, kid."

"선생님은 정말 낯간지러운 말을 잘도 하신다니까요."

조용하고 어둑어둑한 가게 안에 영화 〈카사블랑카〉의 명곡 '시간이 흐른 뒤As Time Goes By'가 흘러나왔다.

용어 해설

1. 연구개발비

기업이 실시하는 연구개발 활동은 기초연구 단계와 기초연구를 응용해 제품화하기 위한 시제품 및 설계 단계로 나뉜다. 기초연구에 드는 비용을 연구비, 시제품 및 설계에 드는 비용을 개발비라고 한다. 연구개발비는 두 가지가 전부 발생했을 때 비용으로 처리해야 한다고 규정되어 있다.

2. 재고관리

재고관리는 재료, 반제품, 제품 등의 재고자산의 양을 적정하게 관리하는 것을 말한다. 따라서 재고관리는 효율적인 재고 파악과 정확한 입출고 데이터 수집이 반드시 이루어져야 한다. 다만 정확하게 재고의 움직임을 관리하기만 하면 된다는 것은 아니다. 재고자산은 현금의 또 다른 모습이므로 과다한 재고는 자금운용에 나쁜 영향을 미친다. 반면 재고가 바닥나면 생산 및 판매 활동을 저해한다. 그러므로 물리적인 입출고 재고관리뿐 아니라 적절한 수요 예측, 기준 재고량 검토, 발주 방법, 회당 발주량 검토 작업도 재고관리의 한 부분으로 인식하고 실시해야 한다.

3. 듀 딜리전스

듀 딜리전스Due diligence는 기업이나 투자용 물건 등을 매수할 때 투자대상이 되는 자산의 가치와 수익력, 리스크 등을 조사하고 사정하는 작업을 말한다. 다른 말로 기업실사라고도 한다.

4. CVP 분석

원가 조업도 이익 분석Cost Volume Profit Analysis의 약자로 cost(원가), volume(조업도, 여기서는 판매량), profit(이익)이라는 세 가지 관계를 분석하는 관리회계 분석 기법을 말한다. 손익분기점 분석이라고도 하는데 자세한 내용은 《회계학 콘서트 1: 왜 팔아도 남는 게 없을까?》의 제5장 '만두 가게와 프랑스 고급 레스토랑, 어느 쪽이 더 돈벌이가 될까?'를 참조하자.

5. 한계이익률

한계이익(매출액에서 재료비와 외주비를 차감한 금액)을 매출액으로 나눈 값으로 회사의 이익계획을 책정할 때 도움이 된다. 자세한 내용은 《회계학 콘서트 1: 왜 팔아도 남는 게 없을까?》의 제5장 본문과 해설을 참조할 것. 또 이익계획을 활용하는 법은 《회사에서 바로 통하는 관리회계(한빛비즈, 2009)》의 5장 중 '이익계획의 시뮬레이션' 부분을 참조하면 도움이 될 것이다.

6. 5대 샤토

1855년에 열린 파리만국박람회에서 나폴레옹 3세의 명령에 따라 보르도 시 상공회의소가 제정했다. 1급부터 5급까지 5단계로 61종의 샤토가 등급별로 나뉘어져 있는데 그중 1등급을 받은 다섯 가지 제품을 말한다.

7. 증빙서류

거래 시 당사자 간에 주고받는 물적 증거이자 회계장부의 기초자료가 되는 서류를 말한다. 구체적으로는 계약서, 청구서, 영수증 등이 있다.

8. 운전자금

사업을 할 때 돈의 흐름은 통상적으로 비용을 지급하는 것이 대금을 회수하는 것보다 먼저 이루어진다. 즉 재료나 상품 매입대금 결제, 인건비 및 경비 지급을 한 뒤에 매출대금이 회수된다. 그러므로 사업을 할 때는 항상 일정한 자금이 필요하다. 운전자금은 사업을 지속적으로 할 때 매입에서 판매대금이 회수되는 주기에 필요한 자금을 말한다. 재고자산이 필요 이상으로 증가하거나 외상매출금 회수가 늦어지면 그만큼 운전자금이 많이 필요하게 된다.

9. IPO

Initial Public Offering의 약자로 기업이 최초로 주식을 공개하는 것을 말한다. 주식을 신규로 공개하여 증권거래소에서 매매할 수 있게 된다.

10. 재무레버리지

총자본을 자기자본에 대해 얼마나 조달하여 운용하고 있는지 나타내는 지표다. 차입금이 많을수록 값이 커진다. 차입을 많이 할수록 운용할 수 있는 자금이 증가하기 때문에 사업규모를 확장하는 국면에는 재무레버리지를 높이는 것이 효과적이다. 그러나 이 비율이 높은 회사의 경우, 사업이 잘 되지 않으면 차입금 상환에 차질이 발생해 경영 상태가 급격히 악화되고 불황을 극복하는 힘이 현저하게 떨어진다.

11. 비즈니스모델

수익을 창출하는 구제적인 계획 또는 아이디어를 말한다. 자세한 내용은 《회계학 콘서트 1: 왜 팔아도 남는 게 없을까?》의 제6장을 참조하면 도움이 될 것이다.

12. 공헌이익

공헌이익은 어느 부문에서 관리할 수 있는 이익을 가리킨다. 매출액에서 변동비와 부문개별비를 차감하여 계산한다.

공헌이익 = 매출액 – 변동비 – 개별고정비

= 한계이익 – 개별고정비

다시 말해, 어느 부분의 매출액에서 매출액과 비례하여 증감하는 비용을 차감한다. 그 다음 그 부문에 개별적으로 발생하는 비용을 차감한 금액을 말한다. 회사는 이 공헌이익을 바탕으로 모든 부문에 공통적으로 발생하는 고정비를 회수하므로 공헌이익이 흑자인 사업은 지속해야 한다. 반대로 공헌이익이 적자인 사업은 철수해야 회사의 이익이 증가한다.

13. 재공품재고

재공품(반제품)은 제조 중인 제품을 말한다. 제조 지시가 내려지면 재료가 출고되어 제조 작업이 개시된다. 그리고 모든 작업이 종료되면 재공품은 제품이라는 형태로 제품창고에 입고된다.

14. 검수

납품한 재료나 상품, 기계설비가 주문을 할 때 맺은 계약 내용과 같은지 검수한 다음 받아들이는 것을 말한다.

15. 채무초과

채무초과는 재무상태표상 부채 총액이 자산 총액을 초과한 상태를 가리킨다. 즉 보유한 자산을 전부 매각해도 유이자부채 등의 부채가 남는 상태다. 통상적으로 채무초과가 되었다고 해서 즉시 경영 파탄 사태가 일어나진 않지만 파산할 위험성이 급격히 높아진다.

저자 후기

숫자에 속지 않는 회계의 비결

《회계학 콘서트 1: 왜 팔아도 남는 게 없을까?》가 출간된 지 어느덧 8년이 지났다. 일본을 비롯한 인도네시아, 싱가포르, 태국, 필리핀 등 아시아 등지를 돌아다니며 컨설팅을 하던 나는 10년간 150개 넘는 회사를 방문했다. 그러던 어느 날, 다이아몬드 출판사에서 집필 제의를 받고 당시의 경험을 바탕으로 단숨에 써내려간 책이 바로《회계학 콘서트 1: 왜 팔아도 남는 게 없을까?》였다.

그 뒤, 속편으로 집필한《회계학 콘서트 2: 왜 내 가게만 장사가 안될까?》《회계학 콘서트 3: 왜 회사는 연봉부터 깎을까?》《회계의 신: 비용절감 vs 가격인상》는《회계학 콘서트 1: 왜 팔아도 남는 게 없을까?》의 각 장을 개별적으로 깊이 파고든 내용이다.《회계학 콘서트 2: 왜 내 가게만 장사가 안될까》에서는 ERP시스템 도입 컨설팅에서 얻는 교훈과 시간축을 추가한 한계이익 개념을,《회계학 콘서트 3: 왜 회사는 연봉부터 깎을까?》에서는 현금전환기간Cash Conversion Cycle과 잠재이익을, 《회계의 신: 비용절감 vs 가격인상》에서는 CVP 분석과 활동기준회계를 다루었다.

이 책은 이 시리즈의 5편에 해당한다. 이번에는 다시 한번 《회계학 콘서트 1: 왜 팔아도 남는 게 없을까?》의 원점으로 돌아가 아마추어가 분식회계를 밝혀낼 때 집중해야 할 점과 관리회계를 이용한 초보적인 컨설팅 기법을 알기 쉽게 풀어 썼다.

'사실은 소설보다 재미있다'라는 말이 있듯이 이 책에 나오는 사건은 그리 단순하지 않지만 실제로 컨설팅을 하다 보면 더욱 복잡한 경우가 많다. 그 점을 즐기면서 회계는 회사의 실태를 읽는 정보일 뿐 아니라 회사에 이익을 제공하는 유용한 정보여야 한다는 것을 깨닫는다면 저자로서 이보다 더 기쁜 일은 없을 것이다.

2014년 6월

하야시 아츠무

회계학 콘서트 ⑤분식회계

제1판 1쇄 인쇄 | 2018년 2월 1일
제1판 1쇄 발행 | 2018년 2월 8일

지은이 | 하야시 아츠무
옮긴이 | 오시연
펴낸이 | 한경준
펴낸곳 | 한국경제신문 한경BP
편집주간 | 전준석
책임편집 | 황혜정
외주편집 | 장민형
기획 | 유능한
저작권 | 백상아
홍보 | 남영란 · 조아라
마케팅 | 배한일 · 김규형
디자인 | 김홍신
본문디자인 | 김수아

주소 | 서울특별시 중구 청파로 463
기획출판팀 | 02-3604-553~6
영업마케팅팀 | 02-3604-595, 583 FAX | 02-3604-599
H | http://bp.hankyung.com E | bp@hankyung.com
T | @hankbp F | www.facebook.com/hankyungbp
등록 | 제 2-315(1967. 5. 15)

ISBN 978-89-475-4311-8 03320

책값은 뒤표지에 있습니다.
잘못 만들어진 책은 구입처에서 바꿔드립니다.